U0123708

用對愛之語

孩子功課更好、品格更好、關係更好！

How to properly use the love language
to help children perform better in study, personal integrity, and relationships.

目　錄

活出愛、實踐愛、看見愛的力量！

楊寧亞

台灣信義會台北真理堂主任牧師
愛盟家庭文教基金會董事長

　　為人父母能夠送給孩子最棒的禮物，第一是父母本身的婚姻幸福，讓孩子看見爸爸愛媽媽，媽媽愛爸爸；第二是為他們建立好的習慣，父母不可能把孩子綁在身邊一輩子，好的習慣可以跟隨孩子一生。

　　上帝創造人類的目的，是要我們活在愛中，領受愛、也付出愛。但是，人類墮落之後，就失去了愛的能力，沒有被愛的能力，也沒有愛人的能力。失去了愛的人類，一個個受傷，空虛，不滿足。我們養育孩子，最大的目標就是讓孩子在愛中成長，長成一個擁有愛的能力的人。而所謂的好習慣，就是用以幫助孩子活在愛中的作法。

　　二十世紀心理學最大的貢獻是，發現人裏面有一個非常迫切的需要，那就是被愛。當人裏面缺乏愛、沒有被接納，心理會出問題、行為也會出問題。二次大戰以前，心理學家對猩猩、猴子

等動物所做的研究發現，牠們非常需要擁抱，如果缺乏擁抱，就算食物、飲水都充分，牠們還是會死。二次世界大戰期間，德國納粹用集中營裏猶太人的初生嬰孩做實驗，在物質方面充足供應他們，獨獨不讓他們有被擁抱的機會，結果這些嬰孩因為免疫系統發展不健全，三個月後，一個個都死了。後來也有心理學家在研究中發現，嬰幼兒時期缺乏擁抱、沒有得到接納的人，長大後得精神疾病的機率越高，而且缺乏擁抱、沒有得到接納的時期越早，精神疾病的症狀就越嚴重。

許多心理學家因此專注於研究如何幫助人們活在愛中。其中，美國心理學家蓋瑞·巧門（Gary Chapman）從理論以及心理療實務中發現，人們接受愛、付出愛的方式是有跡可循的，他歸納出最廣為人們使用的方式五種，將之稱為愛之語。他針對這五種愛之語所寫的專書已經有中文版，書名就叫作《愛之語》。這本書的暢銷程度，說明了愛之語的實用程度。

我們教會在三十年前就開始練習愛之語（雖然那時候「愛之語」這個詞還沒有被發明出來），帶給我們教會極大的祝福。教會弟兄姊妹在家庭裡長期使用愛之語，結出非常甜美的果子，包括幸福的夫妻關係、養育出健康快樂的孩子等等。《用對愛之語》這本書裡面呈現的是我很認識的七個基督化家庭的親子故事。

基督信仰最與眾不同的地方是，無條件的愛，包括無條件接納、無條件饒恕、無條件付出。而根據我作牧師四十三年來的經驗和觀察，最能夠把這種愛在日常生活中實踐出來的，就是愛之語。因此，我非常推薦《用對愛之語》這本書給所有人，不論信仰如何，一定都可以從這些真實故事當中得到啟發，得到實踐愛之語的動力和熱情。

人人快樂，社會祥和，是許多人心中的一個夢。很多人以為，改變社會，需要巨大的革命；我以四十年老牧師的視野，以我們教會許多家庭改變的見證，誠摯地告訴大家，愛，才是一切問題的答案。而《用對愛之語》這本書，要幫助你活出愛、實踐愛、看見愛的力量！

愛，本身就是目的

曾獻瑩
愛傳協會秘書長

市面上教養的書籍很多，為什麼還會想要策劃這一本書呢？關於這本書的書名〈用對愛之語　孩子功課更好、品格更好、關係更好〉，我思考了許久，雖然這樣的取名比較有吸引力，但我還是想要先提醒，「愛」不會是、也不能是父母要孩子功課更好、品格更好、關係更好的「手段」；而是，「愛，本身就是目的」。

愛是我們一生都要學習的功課，愛之語則是幫助我們作父母的有效正確地「表達不帶目的、沒有條件的愛」，能夠讓孩子真實感受到被愛，這是我想要再三強調的觀念。不然的話，孩子反而會很受傷，因為他們接收到的是有條件的愛、窒息的愛、帶著控制的愛；另方面，父母內心也會非常挫折，因為，若不是無條件的去愛孩子，會讓孩子覺得父母只是將愛當成手段，那樣只會讓孩子越逃越遠，關係越來越冰冷，這絕非父母的初衷，也無法得到好的結果。

教養最核心的信念就是：愛，無條件的愛及接納我們的孩子。然而，我們該如何正確地向孩子表達愛呢？我也是在孩子生下的

那一天，才開始學習做爸爸，學習如何給予孩子需要及想要的愛。在這個過程裡，有好多東西要學，而且每個時期的狀況都不一樣，當父母真的很不簡單。

我們需要學習愛之語，當我在家中使用愛之語的時候，夫妻、親子關係都得到很大的突破跟成長，全家都非常蒙福受益。因此，我們研發出適合全家一起玩的愛之語桌遊「幸福大作戰」，並長期推動愛之語課程。課程中發現很多父母認為孩子的愛之語是「禮物」、「最喜歡收到玩具」，但其實大部分的孩子心裡渴望的常常是「陪伴」、「最想要爸爸媽媽陪我玩」。為了讓家長更多了解孩子的愛之語是什麼？我們嘗試用說故事的方式，策劃了這本書，讓父母更加了解愛之語的運用，增進親子之間的親密關係，進而祝福孩子的成長。

因此，我特別策劃了這本書，帶著團隊深度採訪了七個不同樣貌的家庭，每一個家庭都有自己的故事與困難，丈夫、妻子、孩子的個性也很不同，但是他們的家庭關都非常好！他們靈活運用愛之語，教養出來的孩子不僅功課更好、品格更好、關係更好。我希望可以把這些故事記錄下來，將這些經過實證且有效的教養方法整理出來，並且在每一篇都有濃縮摘要的文字，希望能幫助到有需要的父母們，我們一起來汲取學習。

除了彼此觀摩、有所收穫之外，我們還將書中這些父母的教養心法，淬鍊精選製作成「愛之語金句小冊」隨書附贈，隨身攜帶，讓讀者們可以在關鍵時刻立即獲得教養的力量和指引。

此外，我要特別強調，我們在書名用的詞是「更好」，不是「最好」或「第一」喔！因為，期待孩子只能第一的心很辛苦的，孩子辛苦，父母更辛苦。「更好」的意思是，當父母為孩子打造一個無條件的愛的環境，讓孩子的愛之槽被填滿，站在這個穩固的磐石上，讓孩子的心能夠生出一種安定、沈穩、篤定的勇氣和自信，能激發孩子往更高之處攀爬、往更遠之處飛翔。父母的愛是孩子成長的能量，當孩子在愛裡自發性的自我提升、自我超越、自我成長，不用擔心，上進心是人在獲得肯定後的基本潛能，那時，孩子一定會想要去追求更好的發展。

也讓我們彼此勉勵，不要讓我們的孩子覺得被父母拿來和別人作比較，反之，我們仔細地去發現孩子的優點和強項，面對面地說出來，肯定他，好讓他知道：我的父母欣賞我、認同我、肯定我。當孩子的心被愛滿溢，那麼，「功課更好、品格更好、關係更好」將是自然而然結出的甜美果實。

現在，目標方向明確、心態定位也清楚了，相信您已經準備要看這些用對愛之語的家庭故事，就讓我們一起往幸福家庭的道路啟航向前吧！

什麼是愛之語？

曾獻瑩
愛傳協會秘書長

大學時期第一次接觸到愛之語，親身經歷愛之語的力量，讓我對此充滿熱忱，這些年帶領團隊長期舉辦各種親子教育和家庭教育相關課程，致力推動愛之語教育。

我相信愛是上帝賦予人裡面珍貴的特質，是很大的需要。但，雖然是本能，卻是需要也可以去學習的！因為，每個人的生長環境、習慣和文化不同，可能壓抑或限制了人與人之間愛的表達，特別是華人傳統文化。

這些年我們舉辦許多場各類的愛之語課程，讓我更多看見，愛之語是大家非常需要的。我也設計了一款愛之語桌遊，將五種愛之語融入遊戲中，並且將鬼牌換成我個人比較喜愛的「禱告」作為王牌，讓祝福成為第六種愛之語，相當受到歡迎。

什麼是愛之語？可以歸納為哪五種表達方式？

那麼，愛之語到底有哪五種呢？簡單來說，就是人與人之間表達愛的方式，美國的心理諮商專家將常見的行動，大致歸納為五種：服務、禮物、稱讚、擁抱和陪伴。

服務：服務是一種具體的愛的行動，也是父母最熟悉、最常使用的愛之語。

從孩子小時候，我們作父母會無條件地用愛來服務他們。孩子長大後，很多父母覺得應該訓練孩子獨立，不要為他們做得太多，以免孩子喪失生活自理能力或是獨自處理問題的能力。但，根據我們的經驗，這時候反而更要提供重點或是重要時刻的服務。比如：孩子大考前為他煮營養的早餐，或是熬一鍋湯。或是偶而協助孩子整理房間，或是載孩子去上學減省交通負擔，也藉此在車上聊天談談最近發生的事……這些都是精緻的服務行動。特別我們注意到，很多女性在婚前喜歡鮮花或小禮物，但是在結婚或生兒育女後，因著人生階段的改變，有時候也會轉變成需要跟喜歡先生或孩子幫忙作家事、倒垃圾，這類的服務帶來的愛，往往能夠軟化甚至暖化一個家的氣氛。

禮物：禮物就是在孩子很重要的時候，生命當中的重要時刻，贈送禮物，生日、畢業、特定節日、過年、聖誕節，有時候會送很有紀念性的禮物，例如，十歲的時候，會特別送一個禮物，也會讓孩子意識到自己長大了。要送禮送到讓孩子覺得被愛，有紀念性，是一個學問。

不只快樂的時刻需要送禮，有時候在對方需要安慰或是需要鼓勵的時刻，即時送一份禮物，最好能附上一張卡片，也會成為

滋潤心靈的及時雨。衝突和好後的禮物也很重要。父母也會犯錯，在跟孩子道歉認錯的時候，補上一個禮物會是很好的修補方式。

稱讚：稱讚就是用言語向對方表達肯定和讚賞，讓對方感覺到被支持、被愛、受到鼓勵，是一種很有力量的方式，也是很多男性的愛之語。

有一次，我去教師工會分享，聽到許多寶貴的分享。有位訓育組長上完課後，意識到自己很少稱讚孩子，常常對他們兇巴巴的，於是他想：「不對，我應該要更常去稱讚孩子。」一開始實行的時候，因為不是他所習慣的事，感覺自己假假的，但他也跟自己說：「我就是要去發現孩子的優點。」過了一段時間，他發現孩子更願意照著他的方式去做了！這是因為孩子覺得自己被肯定、被發現優點了，他會願意讓自己朝向更好的方向去發展。

還有一位老師分享，他在聯絡簿上常用紅筆寫下學生的各種問題：考不好、上課不專心……等等。後來他發現，孩子回家不想拿給父母簽名。因為在學校已經被老師罵過一遍，回到家，爸媽看了不就再惹一頓罵嗎？

這位老師說，他開始改變作法，做不好的地方還是要講要教，也要跟家長溝通。但是，他開始學習：寫下孩子表現好的地方。

比如：孩子最近表現不錯喔！寫功課和上課更專心了。成績進步了，或是比賽得到名次等。學生變得很願意主動拿聯絡簿給爸媽看看他被老師稱讚的地方。孩子也更願意照老師的教導去努力，老師與家長的關係也變好了，親子關係更是變好。這是自然的結果，因為稱讚就是幫助我們學習看見別人的優點，也激發孩子自我成長動機跟潛能。

擁抱：擁抱就是肢體的接觸，不只是身體的相擁接觸，簡單的肢體接觸像是：握手、擊掌，甚至拍拍肩膀，對於愛之語是擁抱的人來說，會感覺到被肯定、接納甚至被愛的方式。

有一次我去台大演講，有位學生分享他的愛之語是「擁抱」。他說他們家從來沒有擁抱的習慣，他第一次有印象的經驗，是在街頭 Free hugs 的街頭實驗！讓他發現，原來擁抱的感覺很好！聽了這位同學的分享，我心裡湧出一種心疼的感覺。很多華人的家裡是不擁抱的；但，我非常鼓勵父母開始試著給孩子擁抱，因為我看見很多孩子或年輕人是需要擁抱的，卻在成長的路上，因著父母或親人沒有這個習慣，而被忽略了。擁抱代表著接納、溫暖和肯定，有時候，不用講太多話，給予一個溫暖的擁抱，是很有效，也是很好的，特別是悲傷時刻，或特殊時刻。

陪伴：陪伴就是跟孩子／妻子／朋友／家人在一起。這裡所說的陪伴，指的比較是一對一的傾聽、聊天，專心跟對方在一起，

13

關心和分享心裡的感覺，夫妻或親子之間一對一的專心約會，是一種很有效的陪伴。

這幾年我們從事愛之語教育，大部份在雙北，接觸上千位孩子。發現在經過愛之語營隊後，大部分孩子選擇的愛之語不是家長想像中的禮物，而是：陪伴！很可能是現代父母太忙碌了，即使經濟條件變好了，但太多的事情稀釋了父母跟孩子獨處的時光，孩子變得很期待父母有關注他們的時間。

我非常鼓勵家長，如何更有效率、不浪費時間地陪伴孩子，讓他們感受到愛、享受到被在乎，兼具品質和效果的陪伴，這些都需要學習，也可以因為學習做得更好。

每個父母都很愛孩子
抓到精髓、用對方法，事半功倍

會生育孩子的父母，基本上來說都是很愛孩子的。大家都愛孩子，但事實是：孩子不一定會覺得父母很愛他？年紀幼小時孩子常跟父母在一起，還容易掌握；等到孩子漸漸大了，高年級、青春期、上高中了，父母會覺得孩子怎麼好像變了一個人？父母對他們的影響力越來薄弱。但，我一直覺得不該是這樣，父母應該是最愛孩子的，對孩子的影響力應該也最深遠。可見得，父母很需要學習孩子愛的語言，有愛就有權柄（影響力），兩個都要

14

一起使用。如果沒有愛的基礎，無論是管教、引導、建議，反而會容易導向負面的效果。

〈用對愛之語〉這本書是要讓讀者從不同家庭的故事中，可以知道，原來還可以這樣愛孩子！另外，讓孩子知道父母的愛之語也很重要。我們也有特別針對孩子舉辦的品格營。什麼是品格？品格就是會用合適的方法去對待別人就叫做品格。營隊中曾有孩子分享：「我媽媽的愛之語是服務，我想照顧兩歲的弟弟，讓媽媽休息一下。」我們聽了很感動！當小孩開始了解自己的愛之語，以及父母的愛之語，孩子會用適當的方式向爸媽表達愛。

還有一次，我們在台北市大安區的社區中開愛之語的課，其中年紀最大的是 94 歲的長輩。有位阿公上了我們的課之後，分享說：「原來我們以前都錯了，有人稱讚我的孩子，我會說，哪有，他笨死了！現在我知道不能這樣，我們應該要說：沒錯，他真的很棒！」我覺得這位長輩真是很棒！他抓到了精髓。愛是人的需要，不分年齡、族群，都需要去學習如何表達愛。

服務、禮物、稱讚、擁抱、陪伴，這五種愛之語會因著不同性別，或隨著不同成長階段也會不一樣，有時候會有一些微妙的變化，非常值得關心和注意。無論何種愛的表達，都需要「及時」、「鼓起勇氣」和「用心學習」，這樣一定可以越來越熟練，溝通越來越順暢，彼此越來越相愛，並且表達得更好、更加準確，在愛裡面成長的孩子，自然而然的功課會更好、品格會更好，關係也會更好！

15

傳統家庭的寡母獨子

如何用「愛之語」改變三代的家庭文化？

因著推動愛之語，他改變原生家庭幾十年的文化

也為許多家庭帶來祝福

氣氛嚴肅，台積電工廠內，生產線的無數作業員，動作比牆上秒針還快。這是網路泡沫化之前，科技業蓬勃興起的2000年，晶圓接單量非常龐大，廠內所有人聚精會神投入工作。

24歲的曾獻瑩，剛退伍的第一份工作就是台積電。此刻，身為生產線主管的他雙手捧著一盒晶圓，戰戰兢兢，因為「每盒價值四百萬，等於一台賓士」，在台積電如此優秀的科技公司中，不僅接觸先進科技，也讓年輕的他吸收許多嶄新經驗與思維。

「雖然我畢業於台大，但在部門主管中，我的學歷是最低的。」沒有喝過洋墨水、當時也還沒取得碩士學位的曾獻瑩非常努力，他像一塊海綿拚命吸收、埋頭學習，最終取得同事和長官的信任，學習到敬業和惜業的心志。

畢業於台大工商管理學系，在台積電工作2年後，曾獻瑩被指派為負責改善品質、品管的專案管理工作。期間，他發想的一個專案榮獲台積電卓越工程師獎，更受派代表台積電參加國家品質獎優良案例。

從小受到年輕寡母　用毅力和加倍嚴謹調教帶大

看似人生勝利組，事實上，曾獻瑩出自於鄉下一個單親家庭。四歲時父親病逝，六歲的姊姊、兩歲的妹妹和他都由媽媽獨力撫

養長大。年輕的曾媽媽接下丈夫遺留的小型加工廠，在困苦鄉間帶著三個年幼孩子力拚生存。

「我們家是很傳統的家庭，不會講愛，也不擅表達感情。」曾獻瑩感念又感慨地說：「如同很多台灣傳統家庭，父母親是不會用嘴巴說愛的，而是透過照顧的行動。我媽媽總是默默做很多事，用服務來表達她對我們的愛。」

因著丈夫過世得早，曾媽媽必須要務實。她沒有時間哭泣，日夜奔忙在工廠和家庭間蠟燭兩頭燒，自己可以忙到忘記吃飯，三張小嘴巴卻一點也餓不得。這位堅強的婦人雖然從未說過愛的話語，但手中的針線和孩子們的熱食暖衣卻從未缺乏過。這，就是台灣媽媽。

三姊弟偶而會去工廠幫忙，媽媽時常親自送貨。紙箱太重，孩子們幫不了忙，只能望著被高高紙箱擋住背影的媽媽，騎著125重型機車風塵僕僕地離去。有時候曾獻瑩很想幫更多忙，媽媽總是把他趕回書桌：「要認真讀冊，以後才可以過好日子。」

曾獻瑩知道要讓媽媽開心，就要有漂亮的成績單。有一回，他終於考高分，興奮地帶著考卷回家送給媽媽：「我數學考了95分！」媽媽高興了一下下，隨即務實地問他：「有人考100嗎？

你們班有幾個 90 分以上啊？」雖然媽媽的聲音是慈愛的，但年幼的曾獻瑩不免有點洩氣。「我自己後來也當了父母，回想這件往事，知道媽媽想弄清楚我的數學實力落在班上哪裡？鼓勵我更努力。只是當時難免掃興，都不想回答了。」曾獻瑩微笑回憶。他也察覺，雖然跟媽媽相依為命，但親子間好像總是缺了什麼？

有時候也想對媽媽表達情感，總是被一種矜持的傳統包袱卡住。直到接觸「愛之語」，這才恍然明白：「原來愛是可以、也必須去學習表達的！這也是我推動愛之語教育的動力來源。」

在華人傳統教養文化底下，當外人誇孩子聰明，父母的常回應：「哪有，他傻傻的啦！」或是孩子表現傑出時卻板起臉訓勉：「一山還有一山高！」雖說是希望孩子懂得謙虛；然而，如同手機需要充電，孩子也需要得勝經驗，更需要父母的鼓勵給予充電，引發自我成就的動機，建立完整的自我形象。父母一句及時的肯定，將會讓孩子將一次次成功的甜美，化為豐沛的養分，激勵孩子知道，也願意讓自己成為更好的人。

讓三個囝仔天天飽早早眠
寡母獨力面對的寒冬與油污

曾媽媽個頭不高，身形胖胖，每天騎著機車，工廠家裡兩頭嘟嘟跑。早起晚眠，跟時間和空間作戰。「不過，雖然媽媽總是

很忙，但她有空時都會親手做便當趁熱送去學校。」記憶中最愛媽媽的手路菜，是一道醬油蔥花蛋。簡單、下飯，掀開便當蓋那一瞬間飄起的香氣，至今仍讓味蕾的記憶蠢動。小時候只覺得好好吃啊，現在回想起來卻有點哽咽了：媽媽自己吃飯了嗎？

台灣早年有不少鄉下孩子，因家貧犧牲受教育的權利，曾媽媽也是其中之一，她常耳提面命叮嚀三個孩子：「你們一定要好好讀書，長大才有好日子過，知道嗎？」從此，只有教育可以改變人生命運的信念，深植在曾獻瑩的心中。

年幼的記憶裡有著這樣驚心動魄的一幕：「有一次機器故障，交貨的時間快到了，我媽媽心急之下，居然直接把手伸進機台裡修理。」曾獻瑩嚇了一跳，機器那麼燙，裡面都是金屬，會不會受傷？當媽媽把雙手拉出來時，兩條手臂都沾滿了黑黑的油污！曾獻瑩看著媽媽默默去洗手的背影，突然有一種酸楚的心疼跑進眼裡。

「我不要讓媽媽再過這樣的日子了！」曾獻瑩決心讓媽媽過好一點的生活。那一幕，拉開此後長達十幾年龜兔賽跑的苦讀序幕。受苦的家庭沒有其它選擇，受苦的人也沒有悲觀的權利，為了媽媽，為了家裡，他只有四個字：全力拚了。

那是一個少年對母親的愛之語，一份說不出口的愛，刻在心底的承諾。

21

逆風前行　不被看好也堅持到底
終於見到媽媽展露歡顏

　　想歸想，想要就能做到嗎？答案是好難、超難！讀的是鄉下學校，功課又不是校內最好的，常常連前三名都排不上。不過，他從媽媽身上承襲了一種個性：不放棄，不認輸，默默持續不斷去作就是了。班排、校排，他都不是那個最被期待的！沒關係，就像龜兔賽跑，畢業時全校只有四名學生考上中部第一志願台中一中，榜單上赫然出現曾獻瑩三個大字，他做到了！媽媽終於開心笑了。

　　但，開心只能一天，接下來才是各種考試、挑戰跟熬煉的馬拉松起跑。第一次告別媽媽、第一次離開家鄉、第一次跟全完不認識的同學一起住校，甚至，第一次跟那麼多資優生同班競爭。脫離舒適圈的少年曾獻瑩，將會遇見什麼事？

　　才第一天，他就莫名挨罵了。

　　住宿學生大多由爸爸開車送去，曾獻瑩子然一身，生平第一次搭火車遠行，他拎著大包小包，外加扛著一球大棉被，走了好遠的路才踏進校園。進了學校穿堂，他全身都是汗，放下行李稍微喘口氣，四處張望，報到處在哪裡？

「你幹什麼？哪來的！」突然間，背後傳來一串暴罵聲：「行李不准放穿堂，有礙觀瞻，快拿走！」曾獻瑩嚇了一跳，慌亂撿起行李快步跑走。很多家長跟學生都望過來，他面容耳赤、逃也似地低頭奔向報到處。除了緊張，有一種孤獨又委屈的感覺油然升起。然而，15歲的他也明白：「要改變命運，這，才是開始。」

進入中一中真是令他大開眼界：「這些人怎麼那麼優秀啊？輕鬆唸唸就上手，我卻要花很多時間？」不過，他還是將第一志願鎖定台大，心想勤能補拙。回想起來：「就是得花更多時間認真苦讀，但真的很辛苦，幾乎去了半條命！」況且，他是龍年出生的小孩，在那個年代，龍年考生比歷屆多出幾萬人的競爭壓力！他因為拚命K書，睡眠一度還出了問題，醫生笑笑地說：「這是考生症候群，聯考完就會好了。」

有時真的好想多趴5分鐘，多沾一下枕頭，特別是寒流天，連書桌桌面都是冰的，只有檯燈滋……滋……的單調響聲，好催眠啊！好想鑽進被窩啊！可是，他沒有別的選項，身為家中獨子，壓力再大，只有八個字：全力以赴，不能回頭。

終於，在17歲的年歲中，他考取台大工商管理學系，成為家族中第一個考取台大的孩子。堅強的曾媽媽哭著笑了，教育的力量開始轉化這個寡母之家的命運。

有趣的是，金榜題名後，左鄰右舍、親戚朋友爭相把小孩送來，請故鄉之光曾獻瑩為他們補習。不過，他的開心很快就過了，接下來要命對的，是北上的未知生活和各種費用。

第一次接觸到愛之語
下定決心要擁抱媽媽 沒想到⋯⋯

改善家境指日可期，但曾獻瑩沒想到，改變的豈止環境？大學時不在正規學科裡的一個生活理論，竟改變他的人生目標，更改變了三代的家庭文化。

進台大後，很多同學第一件事是選社團，曾獻瑩卻開始找家教工讀賺學費。他沒有時間玩社團，卻在朋友邀請下接觸到「學生團契」，第一次聽見「愛之語」，很被吸引。這個由國外諮商師提出的理論，有五種應用方式：服務、禮物、稱讚、擁抱、陪伴。從未聽過的他覺得很新鮮。

「原來表達愛也是一門專業科目？也是需要進修和學習的。」曾獻瑩心裡亮了一盞燈。過去生長於傳統家庭，家裡是從來不會講愛的，連擁抱也沒有過。曾獻瑩常覺得，人與人之間的關係應該不止是這樣？他真的很想把心裡的愛告訴媽媽。剛好媽媽的生日快到了，他下定決心，要藉著返鄉向媽媽表達愛！

這在曾家是破天荒、史無前例的。唱完生日快樂歌，緊張、期待又害怕的心情在曾獻瑩的心裡滾來滾去，比向女生告白還要緊張。

　　關鍵時刻到了！他整個人豁出去了，邁開腳步，走上去就給媽媽一個熊抱，閉著眼喊出心中藏很久的那句話：「媽媽，我愛妳。」講完，脹紅了臉！結果呢？

　　媽媽嚇了一跳，有點不知所措，只好把他推開，害羞地說：「好啦，好啦，麥安捏啦……」先不說曾媽媽幾十年沒被抱過，鄉下地方的傳統家庭，哪有人這樣表達的啊？

　　媽媽反應如此，那，姊姊跟妹妹的反應又是如何呢？

　　只聽到背後傳來她們驚訝的聲音：「天啊，你好噁心喔，怎麼可以這麼狗腿啊！」

　　天啊，好糗啊，什麼叫做想找地洞鑽，曾獻瑩懂了……

　　場面正尷尬，意想不到的事情發生了！他的身邊晃過來兩個身影，姊姊跟妹妹竟然走到他面前，說：「我們也要抱！」說完後，就四肢僵硬地張開手臂，嘗試去抱媽媽……曾獻瑩目瞪口呆，

他完全懂她們說不出來的意思：我們也很愛媽媽啊，怎麼可以讓你專美於前呢？

廿多年來，親子四人之間，那些說不出口、深埋在心底、交織著許多血淚的深厚親情，在這個看似好笑尷尬的場景中，震撼了這個家，溶解了封住的矜持文化，因著一個很深很真情的擁抱。

曾獻瑩感性地說：「從那天起，我們家的氛圍整個改變了，大家開始會擁抱媽媽，也會開始說出愛的感受，變得更敢於表達愛和接受愛了。」

不但驚喜於愛之語行動帶來的突破和轉變，曾獻瑩更進一步發現：「很多人聽了我們家的故事之後，都決定要回家擁抱父母，或是太太、孩子，並且願意開口跟家人說我愛你。」可見得，擁抱和道愛，在華人文化中需要更多的啟動。

親身經歷愛的力量　心中漸漸興起人生的幾大疑問

如果我們沒有意識到，愛有其特殊的語言，需要我們去學習的話，即便知識隨著科技一代代增長、物質也越來越豐盛，然而愛的表達，不見得能比上一代更好。反倒是，當人們沒有特地的、刻意地學習，愛的表達方式會承襲上一代的做法，甚至因為生活

壓力更大、凡事要求迅速、簡便，使得愛的表達反而加速縮限。

透過學生團契教導的愛之語，讓曾獻瑩第一次感受到愛的強大威力。然而，理性如他，當時還沒有接觸到，也還未選擇接受宇宙裡更大、更完全的愛。

1999 年，九二一地震撼動了整個台灣，曾獻瑩這位 23 歲的少尉預官被派到南投災區，負責指揮調度砂石車、大鋼牙和怪手清理倒塌房屋。「有一次，大鋼牙咬碎一根柱子，屋子倒塌的瞬間，意外壓斷電線桿，1 萬 1 千伏特的高壓電線在空中揮舞，火花四射……」這個生死一瞬的危機，讓曾獻瑩對生命景況有更深體悟：生命的變動不可控制，唯有人生的意義可以存續。

退伍後，順利進入台積電，數年間順利升職、考取證照，取得台大企管碩士學位，成家、生兒育女，人生進入順遂的階段，媽媽也可以安心退休，前景無限美好。然而，曾獻瑩的心中卻不斷湧現一種迷惘的思緒：「人生的意義是什麼呢？」「什麼值得竭盡一生的力氣去追尋？」「如何能得到心靈的滿足和平安？」

這些問題在心中如雪球越滾越大，已有事業也有舞台的曾獻瑩，為什麼仍湧出一股空虛感？他問自己：「我要把人生最精華的時間全部交給台積電嗎？」他也想：「幸福是什麼？我還有其它的選擇嗎？」

短短六行字打中了他　人生目標從此轉移

彷彿上帝聽見他的提問。有一天，經過台大母校對面的一間大樓時，看到牆上一段話，寫著：

「凡敬畏耶和華、遵行他道的人便為有福！你要吃勞碌得來的；你要享福，事情順利。你妻子在你的內室，好像多結果子的葡萄樹；你兒女圍繞你的桌子，好像橄欖栽子。看哪，敬畏耶和華的人必要這樣蒙福！願耶和華從錫安賜福給你！願你一生一世看見耶路撒冷的好處！願你看見你兒女的兒女！願平安歸於以色列！」

—— 詩篇 128 篇

曾獻瑩震撼了，這段經文簡直回答他心中「什麼是蒙福人生」的疑問：蒙福的人能夠享受工作的豐盛的報酬，讓家人能快樂的圍繞相聚在一起，城市、國家也能蒙福，人人盡享健康長壽，家族興旺的恩典。

怎麼這麼奇妙！短短六節就能把人生的真正幸福都描述出來！這世界有其目的，虛空是因為還沒有找到真理，真理並非源自古人智慧，而是來自於上帝的啟示。真理啟示中，有許多婚姻家庭的教導，是蒙福人生的開端。「一生若能活出這幅景象，夫復何求？」曾獻瑩讀了一遍又一遍，思考了許久。那天是周六，

隔天他再次回到這間教會—台北真理堂，參加了有生以來第一次的主日崇拜。人生重心從此挪移，生命的意義找到了他。

真理堂是一間非常重視婚姻家庭的教會。原本對婚姻家庭沒有太大期盼的曾獻瑩，也在進入教會後，生命漸漸軟化，承認內心其實渴望來自家庭的幸福。2007年離開台積電到台北定居後，2008年就遇上一生真愛，步入婚姻了。上帝賜福，結婚不久後兩個孩子相繼出生，「上帝讓我在養育孩子的過程中，進行一項項自我修復。」

遇見美好特質的女子
一起用愛之語建造親密合一的婚姻家庭

要建造幸福的家，讓孩子在安全溫暖的環境長大，夫妻不但要相愛，更需要立約，同心維護和諧、穩定的親密關係。

「我跟我太太有個共識，就是我們比較不去講負面的話，保守口舌，讓婚姻關係是一個正向的循環。」夫妻倆都需要用成熟的態度去對待彼此，也一起面對處理婚後的各種挑戰。「我們也經歷過婚姻磨合期。我太太曾經問我，為什麼下班後都不跟她講話？我說有啊，我們不是天天都在講話嗎？」經過耐心溝通，曾獻瑩這才懂得，太太所謂的「講話」，指的不是日常的對話，而

是太太需要一對一陪伴、專注的傾聽她的感受、想法，時間不一定要很長，可能是睡覺前一起去散個步、談談心，也就是精心的時刻。

對大部分女生來說，「夫妻的親密關係，是建立在談天時一種深度心靈交流；但是男生回到家，常常想要的就是休息不講話。但是我發現，刻意營造夫妻談心的時光，即便只有短短 15 ～ 20 分鐘，對婚姻是非常滋潤的。」曾獻瑩說：「我太太有一個很棒特質，她也很懂得用愛之語，常常對我表達感謝、肯定跟稱讚。」

夫妻倆也帶了一個家庭小組，當中差不多有 10 個家庭，聚會時，曾獻瑩常分享愛之語的觀念和作法，男人的愛之語多半是「稱讚」，也就是肯定及感謝的言語，作太太的如果真心感謝肯定丈夫，會讓丈夫更有動力表達或付出愛的行動。太太需要的不同，她們往往需要被陪伴，喜歡另一半專心陪伴、傾聽。

根據經驗法則，愛之語也會因著人生階段轉變，可能跟著改變，比方說，原本最喜歡精心時刻的太太，在生下了兩個孩子之後，「因為天天帶兩個小小孩很辛苦，她很希望我能幫忙掃地、拖地，把全家的地板拖得亮晶晶，這時她會不吝嗇表達感謝跟讚賞，我也因著常收到她的感謝和稱讚，更喜歡幫她分憂解勞。」

開始在自己家中設立目標
帶頭建立愛的文化

「我問自己，也跟太太討論：我們想要在家中建立什麼樣愛的文化？」曾獻瑩說：「每天早上起床後，我會盡可能地給兩個孩子各一個擁抱。」他也刻意安排只有自己和孩子的旅行，帶孩子去爬山。孩子的生日、或是當孩子作對了事情，甚至是自己做錯事，該向孩子道歉的時候，他都會準備禮物送給孩子。

「我發現送禮物是個大學問，何時送？怎麼送？送什麼？才能真的讓對方感到很開心，感到被愛，感到有意義，都很需要我們去學習。」為了學習這個愛之語，他會先從多方觀察兩個孩子各自喜歡的東西，或是在意的物品。「我兒子喜歡飛機、車子，女兒特別喜歡文具類，我會準備不一樣的禮物給他們，看到他們收到時開心的臉，就很值得。」

此外，他和太太也會練習適時運用「服務、禮物、稱讚、擁抱和陪伴」這五種愛之語，希望讓愛之語自然而然變成家庭裡的文化，傳承給孩子，讓他們在愛中建立自己的價值感，也學習成為懂得表達愛的人。

在這樣的薰陶下，曾獻瑩也常收到孩子們真心的回饋。「孩

子們也會送我東西，以他們自己手作的較多，兒子會送給我勞作，女兒的卡片也作得很精美，圖文並茂，我每次收到孩子的禮物都滿心歡喜。」

特別是有一年，八月天的父親節，兒子去文具行買了一把空白的紙扇，在上面畫了一幅畫還有父親節快樂的話語。曾獻瑩回憶這個小故事，臉上洋溢著幸福，「那年特別熱，兒子的體貼讓我心很暖，後來常被我太太借去搧風，邊搧邊享受地說：『這禮物送得真好，我很需要！』」這個可愛的回憶證明了：愛帶著一種流動的能量，送爸爸的禮物，媽媽也能享受，愛的文化和氛圍就此建立。

「在家庭中，夫妻關係是核心，提供了家庭內無條件的愛和支持，家庭應該是歡樂的，是學習道德規範標準的地方，也是培養人際關係能力的地方。」曾獻瑩進一步說。

現在的社會上，年輕人甚至是人們對婚姻家庭普遍感到無奈或失望，就是因為家庭的角色和功能出了問題。因此，恢復大家對幸福家庭的願景和完善的家庭功能，是曾獻瑩帶領的愛傳協會首要的工作，而愛之語就是能夠運用和推廣的好用方法，讓下一代得以感受到「愛之語」和幸福家庭的美好。

「上帝讓我的家庭幸福美滿，我也希望大家能夠因此受益。」
曾獻瑩任重道長、充滿盼望地表示。

曾獻瑩秘書長致力推動愛之語教育，
研發了一款「愛之語桌遊—幸福大作戰」
並且舉辦各種愛之語營隊。

34

〈用對愛之語〉在誠品信義書店旗艦店，舉辦新書發表會及親子教育與談會。

國中畢業父親，

如何養育出康乃爾大學 CEO 兒子？

愛與視野能夠帶來生命的寬容度

來自彰化農村的林振部，窮苦出身，僅國中畢業，不畏艱難白手起家，現為景華生技董事長，是育有一雙兒女的慈愛父親，76歲仍健步輕快、身形挺拔，這和他早年勤苦鍛鍊、吃苦當吃補的背景相當有關。

50歲受洗成為基督徒的他，形容自己以前是「以成功為導向，很嚴厲的父親。」凡事講究前途＝錢途，「還記得女兒到波士頓讀電機系時，我好開心。當女兒說她實在唸不下去，想要轉到經濟系，我一聽就反對，經濟系出來有什麼前途？甚至氣到打越洋電話去吵架！」

事實上，在一雙兒女讀書成長過程中，林振部正處於白手起家的創業階段，並且前瞻性地將兩間藥局拓營為國際級企業，許多媒體都報導過林振部董事長本人的故事，甚至將他的創業故事當作台灣從赤貧到富足的傳奇之一。

令我們關注的是，這樣一位忙碌的企業家，跟妻子潘德音女士是如何分配時間、調整生命順序，改變眼光作法，孕育出優秀又優質的一雙兒女，甚至傳承良好家教造福兒孫？現在，就讓我們來看看，林振部夫妻養兒育女的見解和心法是什麼。

一句話啟動內在潛質　小販之子翻身成企業家

在國小三年級之前，因為家裡貧窮，林振部的父母只得忍心先將他們留在故鄉，夫妻倆獨自上台北打拚掙錢。林振部獨自跟阿嬤住在彰化的農村，六歲以前每年只能見到爸媽一、兩次。

有一年父母回鄉，拿錢叫他去鎮上買魚。那時已是下午，市場漁貨早已賣完。他找得心裡焦急，又禁不起肉攤上那些掛著的、亮晶晶的肉，「好想吃啊！」鄉下地方窮，肉價高，平常家裡很少吃肉，好不容易有朵頤的機會，忍不住上前買了一些。但是，越接近家門口，心情就越忐忑，「糟糕了，沒有聽話買魚，反而買肉，不知道回去會怎麼樣？」他很害怕，自作主張會不會招來一頓打罵？

回到家，林振部誠實以告。爸爸聽完了，轉身對太太說：「我們這個孩子很靈活、很聰明，會知道變通喔！」哇，這句話讓他心中的大石頭變成輕飄飄的大氣球，他的心也隨之飄上天空。不但沒捱罵，還被爸爸肯定誇獎。

「就是這一句話，影響了我的一生！」林振部說，他往後的人生，無論是當藥房學徒的辛苦無奈、或是創業後面對商場的瞬

息萬變，或是當父親後面對子女教養的矛盾挫折，之所以不害怕處理問題，再困難也有自信，動腦便能突破，正是因為當時爸爸給予的正向鼓勵。林爸爸給孩子想像和嘗試的空間，讓孩子知道有能力變通是一種優點，而不是糾結沒有達成最初買魚的指令。正是這樣的靈活思維，讓林振部從一個國中畢業的鄉下囡仔，一路通關斬將，成為代理全球知名大藥廠的企業家。

每個孩子都有嘗試的時期，在父母的期待和自己的渴望之間找尋平衡。在這樣的關鍵時刻，如果孩子得到的反應是正面的，就能建立自己的信心，塑造穩定的人格。

反之，想像一下，如果當年林振部得到的是一頓打罵，他還能有嘗試變通的勇氣嗎？孩子若沒有得到正向鼓勵，往後在他們必須獨自下判斷的時候，會不會因為害怕犯錯，反而做出不適當的決定呢？

孩子的心是脆弱的，卻有著極高的可塑性。給予摧毀的話語，很容易讓孩子變成受傷的蚌殼，用防衛機制來封閉親子溝通的管道。反之，父母在孩子的嘗試期給予正向引導和正面鼓勵，即便一句話，孩子的心都能從中汲取養分，強壯起來，累積能量，施展令人驚奇的能力。

說教能改變孩子？企業家父親最看重的其實是這個

童年時還有一件事深深影響了林振部。小時候他在街上看見有人騎馬，意氣風發的景象令他著迷。但，家裡沒馬，怎麼騎？他左瞧右望，看見一隻被綁在樹邊的牛，靈機一動，喜孜孜跑過去、跳跨上去把牛當馬騎，一邊「哈駕、哈駕」的威風呼喝。正得意的時候，背後傳來鄰居的驚呼聲：「偷牛喔！」林振部嚇得魂飛魄散，腳一軟、連滾帶爬地逃回家。頑皮歸頑皮，好玩歸好玩，提起這件童年往事，林振部嚴正地說：「從此我得到一個很大的教訓就是『要誠實』！不是我的東西，不要去碰，連誤會的機會都不要給別人。」

不管是教養兒女、教導兒孫，或是企業求才，林振部強調他首要看重的就是品格。誠實、紀律和謙卑，則是不能妥協的原則，父母不能只用口說，更要以身作則。

有一年聖誕節期去美國探望，和女兒一家人到百貨買禮物。年幼的孫子不小心打破了一個裝飾，偌大的商場正要打烊，沒有人注意到這個小意外。此時大人是否會滑入一個念頭：沒有人注意到？要不趕快溜吧，不然是要賠錢的耶！林振部可不這麼想，他抓住時機設立榜樣，和女婿帶著孫子，找許久才找到服務人員，主動告知：「我們不小心打破這個裝飾，請問要怎麼賠償？」

　　林振部認為，父母的品格在關鍵時刻最能真實體現，嘴巴說的永遠比不過孩子親眼見到的。**身教的品格養成法有時候是一個過程，孩子不一定會馬上行出來，但會成為額上的印記、心中的種子，等待時機成熟，真誠流露、綻然盛開，不會徒然。**

陪伴如同教養的心臟，紀律是教養的骨骼

　　提到教養，坊間充滿各式各樣的方法與理論，現代父母都可信手捻來、舉一反三，毫不費力。而林振部夫婦真心希望和現代父母多所琢磨的，是最基礎卻最容易忽略的：**陪伴。**

　　「我的孫子曾說：『我比較喜歡爺爺，更多於爸爸。』」問他為什麼呢？『因為爸爸只會把我送到球場就離開了，但爺爺會留在場上看我打球、給我拍手，跟我說：你好棒喔！』」這件事情，讓林振部更確信孩子需要陪伴，他認為，這種簡單卻古老的方法，影響力遠超乎想像。陪伴是教養的心臟，沒有心臟的跳動力量去供輸養分，教養恐怕淪為形式。

　　曾經在創業時期，從藥局到開設生技公司，林振部步步為營，僅有國中學歷的他，需要無比努力，洽談生意跑廠商，陪客戶打高爾夫，甚至親自接送客戶往返機場，時間和精神幾乎全繫在生

意上。即便如此，他和太太對孩子的陪伴仍堅持不移。他強調，**就是因為忙碌，陪孩子更不能「隨意陪」，必須「刻意陪」**。他們夫婦訂了一個原則，就是一定要將每個周六保留下來，訂為家庭日，白天當私人領隊帶孩子們爬山，傍晚下山後全家共享美味晚餐。

「我兒子小時候身體虛弱，常常『趕流行』，腸病毒、發燒感冒都沒少過。」林振部心疼兒子小小的身體有如不見底的藥罐子，深感須從根源著手。他每天中午從公司趕去學校，接兒子去師大游泳、強健體魄。兩年如一日，父子兩人都曬出一身黑，小藥罐也搖身變為小壯丁，體力和專注力都大大提升，父子兩人聯手交出漂亮的健康成績單。

國小陪練游泳，國中時期則改為陪練網球。非常重視健康的林振部，希望培養孩子能維持一生之久的運動習慣。父親的思考邏輯是這樣的：游泳麻煩、籃球需要多人一起，想想，網球最好，一個人能打、兩人對打還能建立較深的默契和情誼。於是下定決心陪孩子學網球。但是白天他要工作、兒子要上學，日理萬機的林振部如何安排呢？「早上五點出門，我和兒子一起請教練到師大打網球一個小時，然後回家沖洗更衣，吃完早餐，再各自出門上班上學，三年如一日。」

陪伴不僅是教養的心臟，也能造就紀律

林振部每天陪兒子打網球，同時也在訓練兒子的紀律與體能，更無心插柳，幫助兒子當小留學生的校園生存能力。高中時期，兒子決定由媽媽陪著去日本唸書，面對排外出名的高校文化，不太會說日文的他當然遭到排擠，小留學生之路起步得十分辛苦，陪在身旁的媽媽看得心疼但也毫無辦法，遠在台灣的爸爸更是幫不上忙，只能盼望兒子撐得下去。

沒想到轉機出現。學校舉辦網球賽，兒子奪得全校第一名，接著又為學校勇奪關西高校大賽的第二名，一夕間脫胎換骨，這個日語不太溜的台灣小毛孩，從此變成同學崇拜跟攀交的風雲人物。畢業後，又因他在課業上的堅持度跟續航力，成功申請到常春藤名校之一的美國康乃爾大學，並且順利畢業（編按：康乃爾被稱為是美國常春藤名校中不難申請，但很不容易畢業的名校）。之後又到世界排行前五大的中歐學院深造，取得碩士學位。而這一切，全是林振部夫婦用了五年時間陪伴出來的。

許多人相信紀律是成功關鍵因素之一，而紀律也是林振部的父親以身作則，傳承給他的核心信念之一。林振部則是感念他的父親傳承了一個重要信念。「我爸爸是市場賣涼水雜貨的小販，

一年 365 天，只有大年初一休息，他說過一句話，我永遠記得：
上山砍柴是一天，下海抓魚是一天，在家打混是一天，但是，日
積月累，人就不一樣了！」聚沙成塔的秘密，懂得堅持的人知道。
林振部傳承父親的堅韌，做事重紀律，即使是自行創業也認真上
班，每天比同事早到，除了出國陪伴家人之外，沒有請過一天的
假。「成功不是在於你有多少機會，而在是否能堅持不斷。」

不僅林振部看重紀律，他也感謝太太潘德音跟他一起在兒女
教養上同心同行。林振部說，他的妻子是在一個大家族的嚴謹日
式教育下長大，靈魂裡蘊藏著一種溫柔但堅毅的性格。「我太太
讓女兒學鋼琴，不是幫她請老師上課而已，她自己也每天坐在女
兒旁邊，耐心陪孩子練鋼琴，不是邊看電視邊陪喔，是全心全意
地陪伴，孩子練習多久，她就坐在旁邊陪多久。」

陪久了，孩子的耐心漸漸被「陪」出來，毅力、樂趣和成就
感也隨之而來，養成紀律再不是件難事。能力的訓練在日積月累
之下聚沙成塔。女兒日後進入美國的大學音樂系鋼琴、小提琴雙
主修，也拿到研究所學歷，成為優秀的鋼琴老師，帶領許多孩子
探索音樂美妙。

　　教養的影響力不容小覷，能擴及三、四代，甚或更多。林振部的兒女都有感於父母陪伴在身旁的重要性。兒女各自成家後，他們都跟另一半也看重陪伴下一代。他們兩家經常不怕麻煩地舉辦烤肉趴、野餐趴，讓孩子邀請他們的同學來家裡玩，積極創造與孩子的回憶，認識孩子的朋友，接觸他們的生活，也讓孩子知道父母對他們的關愛。這種愛與陪伴的傳承，都讓林振部夫婦感到非常欣慰。

　　其實，孩子是敏銳的，沒有孩子不懂感恩，只要家長真心、穩定、持續地的付出時間和心力，父母陪伴的這項親情投資，獲利可達一生之久。以林振部的家來說，每年過年過節，他們一定跟父母團聚，就算防疫期間無法回國，也會寫實體卡片寄到父母手中。媽媽過生日的時候，孩子們總會從各地趕回，帶給母親一整個行李箱的驚喜禮物，看到媽媽開心的笑容，再趕回去工作。將愛的關係放在首位，已經成為代代傳承、愛的核心。

最重要的突破：學會全然放手　默默禱告祝福

　　林振部中年才有信仰，他在 50 歲那年受洗成為基督徒。他經常分享，這個信仰對他的人生影響極為重大，對於他的教養觀念更帶來很大的突破更新。「有了信仰之後，我學習到，父母不

能一味將自己的價值觀硬套在孩子身上。」這對他是個嶄新的經驗，卻帶來親子關係很大的自由，更帶來意想不到的奇妙改變。

還記得前面提到，林振部的女兒曾經為了要轉讀經濟系，讓父親氣到打越洋電話罵人的事件嗎？沒想到多年後，女兒做了一個更大的轉彎，就是研究所決定在音樂領域深造，完全放棄讀商。但這時的林振部已經變得很不一樣，他深思並且經過禱告後，決定轉念支持，向女兒表達樂見其成的支持，父女關係得到很大的突破。「信主之後，我的眼光開始轉變了，也學習當一個不同的父親，孩子有他們自己的嚮往和天賦，雖然跟我原本的期待非常不同，但，那也是上帝賜下的獨特寶藏。」

對於從小就表現優異、少年得志的兒子，林振部夫婦則是給予另一種方式回應。

林振部的兒子精通日文、英文、網球和鋼琴，又是康乃爾大學高材生。大學畢業就進入美國矽谷工作，頭銜好、薪資高，少年得志、意氣風發，28 歲時毅然決然辭掉工作，自信的到上海創業。兒子有挑戰的勇氣和企圖心是好事，不過身為父親，林振部也看穿這般優秀能力的背後，是年紀輕輕不諳人情世故、不懂虛懷若谷的性格。

不出所料，第二年資金就燒光了，一面找錢、一面忙訂單，兒子很快體會到當老闆的重責大任和焦頭爛額，時常愁雲慘霧，情緒低迷。林振部忍住不以父親姿態給予評論外，十四年來謙遜地當他的聽眾、安靜地做他的倚靠，也天天為兒子禱告，守護孩子的心。

奇蹟出現，由於中美貿易戰的變動，兒子的公司被一家中國企業以高價併購，且聘請兒子擔任總裁，一夕之間解除所有危機。林振部夫婦非常感謝上帝垂聽禱告，成就不可能的事。

兩年多前，兒子跟公司總經理一起去談案子，當天便順利拿到了一千多萬的大單。在公司董事會裡報告時，曾經傲慢不遜的兒子，竟然公開將功勞和掌聲都歸給與他同去的那位總經理，讓這位同僚既驚喜又佩服。林振部得知這件事，滿心安慰，有一種苦盡甘來的感覺，他知道不斷澆種在兒子心中的種子成熟了，長出一棵偉大的樹，寬容又謙卑，得以為許多人擋雨遮陽，更傳承了父輩的氣度和胸懷，進而成為孫子的好榜樣。

你的孩子未來只活在台灣嗎？

當全球化、地球村成為耳熟能詳的詞彙，有道是：「父母的

視野，是孩子的全世界」，如何有效培養孩子的國際觀，成為現代父母的當務之急。

因著從小受限於家境，林振部有感於父親和自己，都沒能好好接受完整教育。也知道教育是使貧寒人有同等機會力爭上游的方式之一。因此，一旦自己有了一點能力，他就像許多努力的父親一般，設法將孩子扛在肩膀上，開闊他們的視野和天空。

此外，身為企業家的林振部，在打拼事業的過程中，常因聽不懂英文吃了許多悶虧，也錯過不少機會，深深體會到「多一個語言，就多一個市場」的真理，因此他對兒女的語言能力和國際觀念，可說是下重本栽培。

早在經營藥局時期，林振部曾經覺得太辛苦了，想乾脆接下父親在市場的生意，收入還比藥局好很多。不過當時太太對他說：「你去市場，以後小孩就變成市場仔」，環境影響人甚深，太太的一席話搖醒了他，繼續藥局生意，而後才有機會轉戰保健食品，成就今日的生技企業。

38 歲那年事業有成，有了經濟能力之後，第一件事就是帶孩子們出國旅行。「我們到美國自助旅行，行程刻意安排哈佛大學、

麻省理工學院等知名學府，到西岸也是，去看史丹福大學。孩子滿心嚮往，回來跟我說：『爸爸，我長大要到美國讀大學。』我心裡想，對！這就對了！」

　　林振部夫婦**大費周章的目的在於，將一幅未來圖像放入他們的腦海，身歷其境、打開官感、浸潤氛圍、確立目標，激發孩子們自身的憧憬和渴望，以至於有力量走上實踐之路。**一雙兒女也的確努力，接連考上美國的大學，享受國際資源，開拓國際視野。

　　對後輩的語言教育不遺餘力的林振部，兩個孩子都會說台語、中文、日文和英文，孫子也比照辦理，太太有時候會用日語跟孫子講電話。「像我兒子在台灣唸國中，在日本唸高中，再到美國讀大學和工作，之後再去中國創業、娶妻，他會笑稱自己不知道是哪國人。」

　　除此之外，林振部每年規劃全家出國旅遊兩次，一方面增廣見聞，一方面凝聚情感，「像在郵輪上收不到訊號，不能用手機，家人之間就會有很多的時間彼此關心和瞭解」，也不失為一種好方法。以往由林振部和太太籌劃旅遊，現在則由孩子們輪流安排規劃，爺兒孫輩，一出團就是 11 人，在開闊眼界之時，亦交流三代溫情，一段段家族旅行的回憶讓林振部感到非常滿足，笑容掛滿臉龐。

獨立自主的青春期兒女　　13-18

　　有些專家認為，孩子在進入中學階段的青春期，身心會產生劇烈變化，甚至可能出現情緒混亂、反權威、甚至反社會等暫時性的行為表現。

　　有些父母在這樣的撞牆期，或是當青春期兒女反覆測試大人的忍耐極限而被激怒時，也許會脫口說出：「我就是看不見孩子有什麼優點！」請不要忘記，上帝讓人的生育能力在十幾歲之後才發展出來，也就是：再年輕的父母，一定也比孩子多歷練十幾年以上。歷練可以開拓眼界，歷練越多，眼界開闊，越能不縮限於自有的想法，因此能看見更多的可能性。

　　愛與視野能夠帶來對生命的寬容度。身為父母，一定比孩子更有能力去探掘孩子的各種可能性、或大或小，為其指引道路。在親子衝突的關鍵時刻冷靜下來，撇開心中的預設目的，敏銳端察你的孩子，身為父母，你必有能力在最黑的暗夜，發現閃爍天際，鑽石般明亮的點點星辰。

獻瑩爸爸愛家心語

稱讚
帶給孩子一生的影響力

　　一位從鄉下到都市打拚的孩子，日後可以成為令人尊敬的成功創業家，是來自於攤商父親一句「稱讚」的話，建立了孩子的自我形象跟自信心。這個例子，鼓勵了做父母的要去發現孩子的優點，在適合的時機點，給予積極鼓勵的稱讚，帶給孩子巨大的正面影響力。相反地，負面的話語也會成為摧毀孩子很大的力量。父母親話語對孩子產生的力量，值得我們深思。

　　在這個故事中，我們也看到陪伴在無形中也帶給孩子動力。有時候我們會希望孩子按著我們的期待，或是照著我們的要求去做：但是有時候我們會發現，說得越多、要求得越多，對孩子的影響力反而沒有你想像得多。反倒是有一種影響力，不需要父母說太多，卻能夠給孩子帶來很大的影響力，那就是陪伴。

因為陪伴是願意付出時間在孩子身上，是一種同在的力量，雖然陪伴的本身，是安靜的，它並不像是話語，可以說出對孩子的噓寒問暖或是直接的指引教導：可能只是陪著孩子讀書、陪孩子玩遊戲，或是陪孩子打籃球，卻反而能讓孩子感受到愛跟同在，激發出孩子裡面的自愛跟動力，因為相信父母親是愛他的，而生出願意的心，會更想達到父母親對他們的期待。

　　也就是說，當我們作父母的跟孩子關係越好，父母親很多的期待、提醒甚至是要求，孩子就可以聽得進去。反之，如果跟孩子的關係不好，孩子不僅不能感受到父母的愛，很多時候，父母很多的期待、善意的提醒或是普通的要求，都會變成孩子心中的碎碎唸。所以，孩子是否感受到父母的愛，而愛的存款是否足夠，關鍵是不可缺少的「陪伴」。

　　就像林振部先生的分享，他也提到，就是因為忙，父親的工作或事業越是忙碌，更不能「隨意陪」，而要「刻意陪」，在陪伴中，他跟兒子一起學游泳、一起打網球，他甚至也陪伴孫子練習，僅僅是在場邊看著孫子練習，孫子都能感受到阿公很愛他，自然阿公所說的話他也很樂意聽從遵守。

最後我想表達的是，不管孩子現在或將來的成就如何，因著父母的稱讚，以及陪伴的愛，會讓孩子生出一種內在堅韌的生命力，那麼將來孩子無論面對怎麼樣的挫折，他都可以面對挑戰、越挫越勇，這也成為一種堅毅的內在質地，形成對手都難以忽視的強大競爭力。

　　我們從這篇故事中看到，林振部先生和他的太太，爸爸陪孩子運動鍛鍊、媽媽陪孩子讀書練琴，累積多年愛的存款，讓他們的兒女在人生的重大決定和關鍵時刻，都會願意主動來向父母請教，也樂意聽他們的人生經驗和建議，形成一種美善的傳承，帶來親子雙贏的局面，也帶出兒女在婚姻、事業和人生的多重祝福。不但創業失敗仍能逆轉勝，三代的關係也是和樂融融，這是很難得也很寶貴的。

描述具體事實的稱讚能深入孩子的心

林銚興老先生的身教、言教造就出勤奮踏實的後裔

林振部的信仰帶給他清楚、堅定的人生信念

林振部夫婦與兒子全家三代同堂，相愛和睦

林振部的兒子東山再起，現為國微集團 CEO 兼總裁

⌃ 頂著康乃爾大學光環的兒子，曾經歷創業失敗的磨練

林家女兒（右二）從商學院跨界轉讀音樂學系
現在和先生、兒女用音樂恩賜在教會服事眾人

林振部夫婦看重家庭
總是抽空與兒孫越洋團聚

國際企業創二代總經理夫婦，如何打造
四個感情親密、又沒有叛逆期的貼心青少年？

閱讀、思辨、背誦，幫助孩子建構整全的思維專注力

永　光化學因重視環境保育，跨入高科技綠能產業，是一間聲譽卓著的大型企業公司。現任董事長陳建信和總經理陳偉望，是創辦人陳定川的長子和次子，二代接班未曾鬩牆，反倒同心聯手屢創佳績，被媒體譽為企業傳承的優良典範。

在這樣美好的家庭教育與榜樣傳承之下，陳偉望與大學時認識的妻子鄭玲婚後接連生下四名子女。夫婦倆從年輕成家到邁向熟齡，一起經歷了留學、歸國、跨文化教育、三代同住、企業接棒、獨立成家、迎接意外的禮物老三和老四……等各種時期。面對忙碌的工作，以及四個完全不同個性的孩子，陳偉望夫婦學中做、做中學，一路熱鬧精彩，他們也慷慨分享，父母要扮演什麼樣的角色，成為手足間的黏著劑，讓家裡的每個成員都能成為上帝所造最獨特的自己。

小小孩這樣帶，青少年不叛逆

小小孩好可愛，像天使，是新手爸媽的心頭肉，不過，小小孩另一個身分也可能是翻天覆地的小搗蛋。據說陳偉望夫婦有一套獨特秘訣，可以讓孩子從嬰幼兒就訓練有素、性情穩定，並且對未來的青少年時期奠定很好的根基。鄭玲熱愛閱讀，然而，坐月子時，母親千叮嚀萬交代產婦不能過度用眼，所以她改用「耳

朵」來學習如何當母親，聽遍了手邊可以取得的教養錄音帶。其中江秀琴牧師<如何教養孩童>系列的講座對他們夫婦最有幫助，「老大到老四都照著江牧師的方式帶養，經過四次實驗，我們發現真的有效。」

一般人認為孩子還小，教了也聽不懂，讓孩子感到快樂最重要；然而，江牧師認為**孩子越小，教養越重要，三歲前就要建立規矩，不要從小就壯大「凡事以我為主」的性格**。例如，胎兒在母腹裡沒有白天/黑夜，父母有責任幫助寶寶建立時間次序。白天快樂活動和吃喝生活；晚上應該休息，洗完澡後就該睡覺。「做月子時就可以開始教了，為寶寶設定固定的睡眠儀式，讓寶寶可以漸漸放鬆。晚上抱他進房，關掉大燈，只點夜燈，寶寶若夜裡餓了，安靜餵他，不出聲音說話、也不逗弄他。」藉著明顯的日夜差別，讓孩子從嬰兒時期就建立日與夜的規律作息。鄭玲說：「我們家四個孩子的天生氣質很不同，但全部都在出生兩個月內，能夠自己睡過夜。我們發現，規律作息會為嬰孩帶來安全感，長大後性格也相對穩定好帶。」

小小孩因為語言表達能力還在發展，很多感覺/想法無法表達清楚，反應在行為上會一哭二鬧三生氣，讓父母沮喪無力甚至抓狂。生育四寶的陳偉望夫婦發現，小小孩最真實的心聲，需要

父母親敏銳的翻譯。某次家庭聚會，陳偉望給長大的哥哥、姊姊換上注音版的聖經，當時還不識字的老四發現自己的聖經只有圖畫，和其他人不一樣，大聲吵著要換成一樣的。陳偉望溫柔低頭問她：「妳看得懂嗎？」小女兒大力點頭說：「可以可以！」一邊將書翻得津津有味。陳偉望夫婦至今回想，嘴角仍泛起笑意，然而也細膩地分析：「其實她根本不知道自己在幹嘛，但能被家人接納、和大家一起、一樣的，才是她心中的渴望。」

小小孩心中的需要，自己說不明白，父母若無法翻譯孩子行為中的心聲，好好跟孩子溝通，嫌煩嫌吵，動手管教，或是立刻用手機或電視播影片讓他們安靜下來，雖然可能馬上見效，然而長此以往，孩子會在心裡產生：「我對爸爸媽媽是一個干擾。」心裡開始築起隱形的隔離牆。等到哪天父母想要跟孩子認真對話，孩子早已聽不進去。等到孩子長大了，就會向外尋求認同，父母就很難在孩子心中保有話語權跟影響力。

家庭教育是人格塑型的基礎
── 父母如何在青少年時期具有影響力？

父母親能夠洞察孩子在乎的**關鍵點**，得到他們的心，**就能事半功倍**。陳偉望強調：我們會儘量避免讓孩子產生「我不在身旁，

爸爸媽媽比較開心」的任何機會。比方說，不論是家庭聚會或是參加教會活動，他們會試著設計從老到小都可以參與的內容，甚至包括小組時間，不刻意分成大人區或小孩區。「孩子會想知道爸爸媽媽在做什麼？在跟誰說話？在講什麼？他們想參與爸爸媽媽的生活，是很正常的。我們的小組時間安排孩子跟我們在同一個空間，孩子可以隨時來找我們，也可以聽到我們跟別人是怎麼對話的，**讓孩子們知道，無論在哪裡，爸爸媽媽都很樂意與他們在一起，這是建立小小孩自我認同，非常關鍵的一環。**」

輿論認為，青少年問題出在媒體、社會、教育以及路上的怪叔叔，「我們聽到江牧師講過，小小孩教不好，青少年就救不回來，這話很多人可能覺得講得很嚴重，但我認為有道理。」陳偉望強調，**家庭教育絕對是孩子人格塑型的基礎，尤其是進入群體生活的學齡前，父母是孩子最好、也最重要的老師。**當孩子心中有安全感，對父母信任，即使進入國高中階段也不用太擔心，「因為當孩子幼年時，因著父母用愛和關懷栽種在他們心中的基準，使他們心裡能建立一套準則可以參考，即便在青少年時期遇到誘惑或挑戰，他們能以此來衡量外界傳遞的各種訊息，就算短暫迷惑，甚至迷航，最後一定能找到回家的路。」

四個不同個性的孩子
都沒有所謂的青少年叛逆期，關鍵是？

「沒有所謂的青少年叛逆期，這是天大的謊言，父母親千萬不要相信這句話。」鄭玲認真地呼籲，孩子進入青少年，絕對不等於進入叛逆期。她以身為四名孩子母親的經驗分析：青春期是人生中很特別的階段，男生會變聲長喉結，女生會來月經長胸部，父母不該聽信謊言抱著恐懼面對，而是要當兒女最好的教練，陪伴他們度過青澀的成長期。

曾經，陳偉望夫婦遇到意想不到的挑戰，就是大兒子在小學高年級時碰到不適任老師，導致他對學習不再感興趣，轉向網路世界找到學校得不到的成就感，甚至國中開始沉迷網路遊戲。夫妻倆對此百般苦惱，但他們做了一個很重要的態度選擇，就是他們堅定溫柔地告訴兒子：家人一起面對的問題不是「你這個人」，而是「上癮」的狀況。父母要跟孩子站在同一陣線上，要知道敵人絕對不是孩子，而是孩子正在面臨的問題。

所幸陳偉望夫婦在孩子的心裡愛的存款底子夠多，面對苦澀的青春期，兒子說出他的不可自拔：「我的肩上好像有兩股力量，一邊是惡魔，一邊是天使，他們都在對我說話，一個說，不要再

沈迷了；一個說，偶而玩一下有什麼關係！兩種力量在對抗。」兒子往往在跟媽媽吵架後，覺得自己錯了，想向媽媽道歉，一看到媽媽又怒氣漲溢；當媽媽離開，他又陷入自責……這樣的光景一再循環。矛盾總在惡魔與天使的爭論中反覆膠著，好在因著父母的包容忍耐，讓兒子知道：惡魔才是敵人，媽媽不是。

陳偉望夫婦深信：孩子是上帝所賜的福份和產業，祂不會沒事安插一段「叛逆期」來刺激父母；反而，他們看見，藉由這段奇妙的轉換時期，是親子之間可以再度建立親密和信任的大好時機。他們夫婦深信，若能將上帝的智慧和法則從小就放進孩子心裡，適當的教養他們，堅固他們的價值觀，即便日後遇到苦難或困難，上帝在孩子心裡動一根心弦，勝過父母對孩子說千言萬語。**「作父母的要沈住氣，特別在關鍵時刻或衝突危機發生的時候，與其急著說出我們的想法或建議，不如先禱告，求上帝去安慰或改變孩子的心，我們發現，禱告之後，有時候根本不用說什麼或做什麼，孩子已經先回轉改變了，而且比你期待的更好。」**

對於兒子的上癮問題，鄭玲謹記婆婆的話：**「孩子是上帝給母親懷胎十月的禮物，母親的禱告，上帝一定聽。」**她買了一本《如何為孩子禱告》的書，兩年來，當老大去上學時，她就跪在兒子的床頭前禱告，祈求上帝拯救她的孩子，天天如一日。

　　母親的虔誠禱告帶來奇妙的事。有一天，兒子自己翻看爸爸的信仰書籍時，不知為何，忽然感動地向上帝做了一個自主性的決志禱告，他自己向上帝承認上癮的罪，求上帝幫助他能夠脫離並且有能力改變。從那天起，夫婦驚喜地看見兒子的神情、目光不一樣了，他眼中開始有光，感覺有生命和盼望在他心裡。鄭玲至今回想仍感動地說：「我記得很清楚那天是 228 晚上，因為 3 月 1 日是我的生日，那是上帝送給我最美的生日禮物！」

　　夫婦倆從這件事上得到一個啟示：**被環境壓力壓抑到進入惡習循環、困難中的青少年孩子，自己對自己是最失望的，他們會因此很沒有自信，一直有「立志行善由不得我」的挫折感，這時候父母要耐心等候、也要不放棄地為他們禱告，循循善誘，因為孩子不只是父母的孩子，更是上帝所造、所愛的。**

　　在陳偉望夫婦眼中，四個孩子，如同上帝託付給他們的四份珍貴產業。他們極為認真帶養兒女，為每一個孩子營造精心時刻，依照他們每個人的不同個性、不同作息、不同需要，擺上全心全意，從老大到老四，從美國到台灣，用盡心力教養四名子女。

　　很具挑戰性的是，四個兒女個性迥然不同。「我們會讓孩子知道，大家各有所長，不用比較，像是我家老大思路靈活，從小

就顯出有生意頭腦；老二非常會畫畫，藝術天份高；老三做事井井有條，非常有耐心；老四社交能力強，人緣非常好。至於功課，就各憑本事，不需要去比較，我們作父母的就是好好為孩子禱告，把他們的身心靈成長交在上帝的愛跟真理中，至於他們的各自發展，我們都樂見其成。」

你是孩子的幫助者，還是擋路人？

為了給下一代好的生活和教養，很多父母都會辛勤耕耘，累積豐富的經驗，盼望傳承給下一代；但是，當孩子不想照他們的教導去遵循時，有時候父母也不免感到挫折或失望。請讓我們停下想想，孩子是不願意按照父母的路去走，還是沒辦法按照父母的路前行呢？

孩子雖然是父母生養，有類似基因，但親子就一定相像嗎？父母與孩子可以親密，然而，孩子生下的一瞬間，他們的身心靈就是獨立個體，有自己的發展和感受，不是父母的附屬品，也不是願望的寄託物。

陳偉望夫婦因著工作和教會服事的緣故，必須經常與人群互動，交遊廣闊，但四個孩子們可能就各有不同的特質，「像是老

三天生氣質比較內斂敏感而堅定，跟我們很不一樣，我常感謝上帝將她放在我們家，我們會去欣賞她的天生氣質、尊重她的選擇。因為若非如此，孩子和父母都會很辛苦。」

「我們家老三從小不太喜歡肢體碰觸，我們不是用說的或教的方式讓她改變，而是我會常常愛她、抱她，現在她會主動來抱我，我好感動，超有成就感。」鄭玲相信愛是世界上最大的力量，一個孩子長期在有愛的環境長大，即使天生性格比較特別，終究還是會被愛融化，變得更加圓融。

鄭玲感性地分享，「我看到有些父母是孩子生命中最大的擋路人，孩子明明有恩賜往這邊走，但父母卻希望他往另一邊走，搞得人人都是輸家，沒有贏家，好可憐。」陳偉望夫婦常互相提醒，要站在孩子的角度去了解他，不要做誤了孩子一生的擋路人。

擋路人的特性：強勢和急躁。有些父母會藉著工作忙碌，沒有時間，用強勢的態度和急躁的方式，要孩子走自己想要的路。身為上市公司的企業家，環境的瞬息萬變，陳偉望很有感，「其實，對於未來世界的敏銳度，孩子比父母更強，尤其當孩子對什麼方面有興趣的時候，千萬不要說『這個對功課沒幫助』就過止，說不定這就是未來產業的發展。」孩子重視新奇感，喜歡一項東

西，最多兩三年，若父母能陪伴，他們會感受到父母的支持、跟他站在同一邊，願意進入他世界的同路人，而不是只會要他放棄的敵人。

身為上市公司的總經理，每天要處理的事情、參與的會議不會比別人少，但是對陳偉望來說，**「家庭關係是優先順序的問題，你覺得重要的事情就會有時間去做，對嗎？不要 find time, 而是 make time。」**相信上帝造每一個人都有獨特之處，父母作為管家，**任務是將孩子的恩賜發揮出來，首要就是安排精心的時刻，父母才能近距離琢磨觀察，深入了解孩子的不同特質。**

陳偉望夫婦會刻意打造精心時刻，像是家庭時光一起讀聖經，甚至發揮各種創意，用沙發墊、抱枕、布料來開辦家庭劇院，全家挑一段聖經故事來演戲，留下好多難忘回憶。日常生活中，更擅用孩子特質讓他們彼此幫補。就像老四天生外向，很能適應新環境，夫婦倆刻意讓老三延後進入幼稚園，跟老四一起在混齡制的同一個班上學習，比較順利，姊妹倆又有共同話題。

換言之，孩子們各自發揮成長，感情親密穩固，在成長過程中、人生道路上，都能相愛相輔，是陳偉望夫婦最看重也最感到欣慰的。

用什麼來建立孩子最重要的金錢價值觀？

由儉入奢易，由奢返儉難，陳偉望的**父親**陳定川先生國小就得半工半讀，婚後與妻子吳麗姬女士白手起家，雖然事業成功，但生活簡樸，熱心奉獻。老一輩深知教育的可貴，奉獻教育經費不遺餘力，樹立美麗的生命典範。樸質勤實的精神也傳承至陳偉望這一代。陳偉望夫婦不愛名牌，不熱中交際應酬，支持員工看重家庭生活，**所以辦公室通常在傍晚六點前就幾乎淨空，公司大方補助員工子女教育基金，甚至有職員因此生了五名子女，對企業界的家庭主流化很有貢獻。**

身為創二代，儘管財務豐裕，但陳偉望夫婦對下一代的金錢觀念教育非常慎重，從小教導孩子們分辨「需要」與「想要」，真正需要的東西，再貴父母都會幫忙；想要的東西，就讓孩子們自己去想辦法，讓他們建立量入為出的觀念。鄭玲想起一件有趣的往事：「有一次兒子看見錄影帶出租店的模式，想到可以把他的漫畫和故事書以 5 元、10 元的方式出租給想看的同學，賺取零用錢。我們一方面驚喜於他的靈活，另一方面更加曉得父母應該謹慎，因為孩子會從大人的生活行為中觀察和模仿學習，好的、壞的價值觀都在無形中影響著孩子。」

對孩子來說，每年的壓歲錢可說是最大一筆收入，陳偉望夫婦會帶領他們作十一奉獻（將收入的十分之一奉獻給上帝），平常上兒童主日學，也會給孩子們一些銅板養成奉獻的習慣，知道金錢是上帝給予的恩典，要用在神看為重要的事情。

必不可少的根基：——閱讀、思辨、背誦，幫助孩子建構整全的思維專注力

AI 時代悄悄來臨，下一代孩子的競爭者，不再只有學校同儕、國內人才、國際菁英，更有演算法能不斷更新的 AI 人工智慧。面對未來的嚴峻挑戰，台灣父母不能再只看試卷上的分數，別將孩子限止在教科書中，忘記抬頭看看這迅速更迭的廣大世界。

在家中他們是沒有電視頻道的。「有一天，我赫然發現，為什麼允許一個機器進入我們家裡，整天播著不適當的內容來感染我們和孩子呢？」所以在老大幼稚園時期就將電視停掉了，因此騰出更多閱讀、討論和家人互動相處的時間。不過，為了擴張視野，建立世界觀，除了每年暑假安排自助旅行，讓孩子親身體驗各地文化之外，鄭玲也訂閱國語日報、基督教論壇報，「＜國語日報＞的國際新聞整理得很好。」孩子藉此一點一滴的打開對世界各地的認識。

　　「閱讀，讓孩子知道世界比我們想像得大，看見彼此的差異，學習接納不同文化的觀點，開闊心胸，擁抱新事物。現今職場上，只會做事沒有用了，必須有表達力才可能被看見，閱讀不僅能幫助課業吸收、寫作業，更是表達力的根基，非常重要，父母不能放棄。」鄭玲喜歡帶孩子去逛書店，有時一整個炎熱暑假就泡在書店裡，享受冷氣也享受故事。除了中文閱讀，她強調，建立英文能力，是與世界接軌的重要工具。

　　閱讀是靜態吸收，討論是動態思辨。當孩子小的時候，陳偉望每天會在晚餐後一小時與孩子相處、一起遊戲。孩子漸漸長大，他會利用全家吃晚餐的時間，提出一些開放式的議題，引導孩子一起討論。在陳家，曾經討論過，「有人說電子時代中，紙本閱讀會退流行，年輕人越來越沒辦法靜下心來閱讀，注意力不易集中，媒體內容需要一直給予刺激才看得下去。你們覺得是這樣嗎？」孩子們會展開激烈探討，分別陳述想法，最後爸爸才會提出意見以及總結。

　　在陳家，還有一個很被看重的就是**思維能力**，陳偉望以身作則帶著孩子從小背聖經。有人好奇：現在有 Google 隨時可以查詢，幹嘛還要花時間背？陳偉望的看法是，「記憶力絕對重要，而且必須訓練。試想一個樂手要花多少專注力才能記下樂譜、完

美詮釋？可見記憶力是包含了專注力、堅持力、歸納理解力等的綜合表現。」他舉例，公司的冗長會議中，員工是否能在開完會後馬上做出會議重點，並結論出老闆的需求，這要靠記憶、專注、理解表達等綜合能力。別小看這些似乎古老的訓練，搬到現代，更可能成為將來孩子在職場上分勝負的武器。

陳偉望夫婦精心教養孩子二十幾年，老大中原大學機械系畢業後，考上美國的研究所；老二景美女中畢業，考上台北教育大學幼兒與家庭教育系；老三則在中山女高畢業後，考上台北教育大學的藝術與造型設計學系；如今老四也從景美女中畢業，進入逢甲大學美國普渡大學電機資訊雙學士學位學程就讀。四個孩子、四條路、四幕精彩人生，各自燦爛。

人脈 v.s 神脈

台灣不少父母會努力將孩子塞進好學校，甚至不少企業家父母看重從小為孩子的人脈打底，把兒女送往名校或當小留學生。陳偉望夫婦卻反其道而行，他們特意避開同質環境，將孩子送進家附近的公立小學，「我們希望孩子學會跟來自各方各面家庭的孩子做朋友，有同理心，活得踏實，活在世界的真實樣貌裡。」至於送孩子出國留學，夫婦倆的想法是：「我們自己留學過，所

以了解環境適應跟跨文化的真實情況，有些身心未成熟的孩子，到了外地很容易受到環境文化的影響，一旦偏離就不容易拉回。我們希望確保孩子身心成熟、能明確判斷是非，想出國再出國，畢竟每個孩子成熟的時刻都不同，我們一致認為，至少等到高中畢業再出國比較恰當，如果孩子想留在國內求學也很好。」**孩子的生命根基、身體健康、人際關係和諧、品格端正和擁有與家人之間的親密關係，比「贏在起跑點」的說法更值得思考。**

　　但是有一點，是很特別的作法。由於曾遇過不適任老師的影響力，每當孩子們要升級換班、換老師或是國、高中換校之前，夫婦倆都習慣事先為孩子們下一個階段要去的環境、老師和班群同學作預備式的交託／祝福禱告，都得到很美好的結果。

　　「有人問我們為什麼不靠人脈，去找老師、找校長，找有影響力的人士，藉著人脈改變？但我們相信孩子是上帝的，所以選擇禱告，當我們盡上父母為孩子禱告的責任後，上帝一定會負責。」陳偉望表示，夫婦倆給孩子的觀念是：從人脈攀到的關係是短暫的，別人覺得你有利用價值的時候，會來幫你，當你沒有利用價值，就走了。但是禱告不一樣，是父母能給孩子最好的禮物，比送去名校、嫁進豪門都還要好，因為那些都不能保證一生幸福，「得到上帝的祝福，才是孩子真正的幸福。」

獻瑩爸爸愛家心語
與孩子併肩
面對挑戰、解決問題

　　我們在這個家庭中,看見陳家夫妻很有智慧,他們會為孩子建立固定且穩定的作息,這樣能夠為孩子建立安全感。並且也會讓孩子隨時可以找他們,這點對孩子來講是很重要的,因為能讓孩子覺得自己是被接納的。

　　還有一點,就是他們的孩子也遇到過、現在很多父母都感到頭痛、無解的問題就是「手機成癮」,當然,因為每個孩子的個性不一樣,每個家庭的作法也會不一樣。但是,以這個家庭而言,他們很有智慧的一個作法是,在信念上就分辨清楚:孩子不是他們的敵人,真正的敵人是孩子所遭受的壓力跟挑戰,這些才是他們要陪伴孩子一起去面對跟解決的問題。

陳家夫妻在面對每一個孩子的情況，他們的背後有一個很強的信念：兒女是上帝所賜的產業，這份產業是祝福他們的。也就是他們認為孩子是一份祝福，不是一個麻煩的時候，這個信念會影響他們對孩子的態度，進而讓他們之間的親子關係有變化、有突破。

因為，當父母覺得孩子打擾他／她的時候，或是孩子帶來的各種困難浪費了父母的時間、影響他們的計劃，讓父母無法專心在工作上，使得父母必須分心去處理孩子的問題，就會覺得孩子是在挑戰他們的耐心和體力，久了便會失去耐心無法給予正確的回應，當然我們相信這不是父母的本意。

但是，在這個家庭的故事當中，給了我們作父母一個很棒的提醒就是：孩子是珍貴的產業，而且是要來祝福我們的！在這樣的信念裡，他們要面對的是，幫助孩子「一起」去解決那些困難跟挑戰，這一定會很花時間。然而這個時間就是所謂的陪伴：花時間陪伴孩子去面對問題，引導孩子解決問題，跟孩子真實地站在同一陣線，了解他們的需要和不容易，而且歡迎孩子可以隨時去找他。

生活中有很多大大小小的事要去面對，安排優先次序、輕重緩急是每個人每天都要面對的選擇，可以反應出我們的價值觀。當我們像這對父母一樣，在信念上認定孩子是祝福，願意將孩子列為一個優先的位置，為孩子安排出時間，來陪孩子一起面對挑戰、解決問題，會帶給孩子很大的安全感，也能夠讓父母在孩子那些關鍵時刻，發揮最好的影響力。

陳偉望家庭相簿

∧ 陳家四個孩子一起到非洲短宣
做公益服務

四兄妹個性不同,但從小就感情融洽 ❮

∧ 陳家會精心安排家庭旅遊,製造許多回憶

四兄妹青少年時期，一起參加世界展望會的活動

全家一起到鶯歌捏陶，簡單樸實也是好時光

每年聖誕節同心佈置
是至今維持全家一起過節的傳統

神學博士父親 + 翻譯作家母親 + 律師女兒

這家人最在乎的竟然是……？

沒有任何事物能將他們與神的愛隔絕

牧師爸爸和翻譯作家媽媽，養出一個律師女兒，這個家，不僅充滿辯論的聲音，也經常飄出歡樂笑語。有趣的是，他們各自忙碌到時鐘的指針都不夠用，牧師爸爸陳尚仁要進修、要授課、有一段時間還要當神學院院長處理院務、寫書；翻譯作家媽媽申美倫要打理內外、照顧家人、還要忙著閱讀和寫作；律師女兒陳以虹忙唸書、忙課業、還要考國考和專業證照、壓力接近爆錶……

但是這對忙碌的父母，還會在以虹成長的過程中，相約一起看影集、一起養寵物、一起去泛舟、一起去露營、一起去爬山……去年父女倆還相約一起挑戰了海泳、成功橫渡日月潭，留下過癮的精彩回憶。這一家人，他們是怎麼做到的？

對於家庭時光，他們是這麼分享的：「我們很珍惜在一起的時間，就算只是在家吃頓飯，氣氛也是開心的。我們很在乎家庭時光，會刻意安排，也需要用心經營。」陳尚仁牧師認為，**家庭和諧不是「工作之餘」的區域，反倒是「成就工作效能」的關鍵**。

這個家，雖然只有一家三口，但他們看重家庭時光，在乎彼此的生命成長，他們也一起面對很多不容易的事：包括：兩地分離、跨國就學、甚至在忙碌的高峰期一起戰勝腦瘤的襲擊。

曾經在以虹高三升大學的那一年，美倫師母發現得了腫瘤，對於原本和睦平靜的這個家，宛如風暴來襲。「美倫檢查到腦部生了腫瘤，對我們全家來講是很大的震撼。」陳尚仁牧師說。當時陳牧師任職神學院長，校內各種行政事物極為繁忙，以虹又面對著大學學測的壓力。他們第一時間知道的時候，立刻上網查找資訊，但，大部分資料顯示都是不好的。越查越驚慌，只有不住禱告。

後來詳細檢查，確定腫瘤是在腦下垂體的部位，以良性的可能性居多。然而，師母開刀後，又遇到了一些意想不到的狀況，導致三度陷入昏迷，三次緊急送進加護病房，命在旦夕……醫病過程讓一家三口的身心都飽受折磨。他們不住懇求禱告，也有許多弟兄姊妹為他們家代禱懇求。

在緊要關頭，奇蹟發生了。「我曾經參加過海外醫療短宣隊，認識了一位新陳代謝科的檢驗師，美倫的病情，他一聽就知道是特殊情況，幫我們請教他的老師，就轉到那位醫學教授的醫院去作後續治療，這才救回美倫一命。這真的是上帝的恩典！」陳牧師至今回想仍歷歷在目。

一九六六年出生的陳尚仁牧師，畢業於東海大學化工系後，

分別於台灣神學院、新加坡三一神學院以及美國普林斯頓神學院
進修，並在普林斯頓神學院取得哲學博士學位。曾任台灣神學研
究院的首任校長，現為該校專任助理教授，著有《21世紀教牧倫
理學》。

如果你曾好奇過「出口成道」、「有人需要他們就會在」的
忙碌牧師們，到底如何帶養自己的孩子？如何做到服事別人家庭
的同時，也兼顧自己的家庭呢？看完陳尚仁牧師的故事，相信你
會了解更多。

把孩子交給誰帶養，他就會受彼端文化的影響

把孩子交給手機、平板行動裝置，那看不見又會影響孩子想
法的褓母就是卡通影片的角色、對白和電動遊戲的影音內容；把
孩子交給褓母帶養，影響他生活習慣和言語教育的就是褓母和她
同住的家人。換言之，**我們把孩子交給誰，誰就對孩子有看不見
的影響力。**

陳尚仁因為進修，曾隻身前往新加坡留學一年，與家人分隔
兩地。「那是我們家最難熬的時刻，我真的奉勸父母們，若非不
得已，孩子一定要帶在身邊，一年的短暫分離也許勉強可以接受，

但若超過一年，真的不是個好決定。」家人之間的情感是從陪伴建立，不是從基因建立，孩子不在身邊，即使是你生的，也不會是你的，因為你不會完整認識他，孩子也很難真的認識你。

「我們一輩子最重要的事情是什麼？希望用一生建立的是什麼？」陳尚仁提出他的觀察：無論人們是否意識到，其實每個人與家人之間的關係，絕對是人生中非常重要的一部分。

「就算一個人事業上再成功，只要他跟家人關係不好，就會成為生命中的遺憾和失落。作為父母親，工作越是忙碌，我們一定要停下來好好想想，因為有些選擇是當時機過去後，要再回頭彌補，非常困難，甚至不可能。」

爸爸陳尚仁的工作忙碌不在話下，然而，他對家庭和諧的認知不是「工作之餘」的區域，反倒是「成就工作效能」的關鍵。家庭關係好，身心靈會得到能量，更能在幸福感中專心工作，享受工作的創意和成效，相得益彰。因此，他會刻意安排帶家人去泛舟、露營，甚至跟同樣喜愛游泳的女兒一起去綠島挑戰海泳。

「這些休閒其實都很花時間，尤其挑戰海泳，事前要去鍛鍊體能的規劃，不像看電影或吃頓飯那麼輕鬆簡單。可是一起經歷

挑戰的事上，我們可以創造難忘的獨特回憶，甚至培養出一種革命情感，這是一輩子甚至跟孫兒孫女都可以拿來回憶的過癮。」

　　媽媽申美倫的工作是翻譯和寫作，當然無法每次都陪著上山下海，但她一直陪在女兒身邊，細心關注她的生活習慣養成和品格心志，她打造一個環境讓女兒很喜歡邀請朋友來家裡，女兒會主動跟她分享學校的每一件事、每一位朋友的名字和發生的事情。在女兒學習寫中文字時候，她陪著女兒含著眼淚、一筆一劃、花 3 小時寫一篇 50 字的小日記，當時天天寫小日記的崩潰感當然早已遠去，但那種深刻被愛的同行感已經刻在女兒以虹的心版上，媽媽成為她一輩子的忠心戰友。

　　愛的語言很多種，不一定要說、也不一定是陪伴而已，有些人會本末倒置，其實如何表達愛的語言和方式並不是最重要的，反而，一顆真的愛孩子的心，才是真諦。

　　「我們看見，在世界的價值觀中，有些父母被引導要打拚工作，只為了給家人更好的生活品質，出發點沒有錯；但是，這種觀念跟職場文化不知不覺引導上班族父母把生活焦點偏離家庭，以致有些父母更在乎是自己的成就、自己的時間、自己的精力、

自己的工作和發展，以至出現用 3C 行動裝置帶養小孩或是 24 小時保姆托育、幼稚園照顧幼兒全日三餐到七點多父母下班，回家洗完澡就去睡覺……等服務。即便週休二日，全家外出用餐，在美美的餐廳裡一家四口沒有交談，各自使用手機或平板的場景時常可見。父母錯過的，父母不知道，真的很可惜。」陳尚仁牧師感慨地說。

你的孩子有克服困難的經驗嗎？

許多專家都提醒父母，勇敢提供孩子「克服困難的經驗」，當克服的經驗一次次累積，等於讓孩子建造了一棟經驗資料庫，使他們面對挑戰和問題不再害怕，更有自信和勇氣去面對未知的前方道路，有機會帶回滿滿的人生寶藏。

以虹小學四年級之前都在美國生活、接受教育，回到台灣讀小學，光是排路隊、班長喊下指令：「向前看齊……」她都不知道該怎麼做。面對跨文化的全新生活圈，融入環境對以虹來說是不小的挑戰。另外一個大魔王就是：中文，而且必須要從中文課本學習新知，也是令孩子跟父母都緊張的挑戰。

為了協助以虹快一點融入新環境，陳尚仁夫婦先是親自到學

校，拜訪老師們來了解孩子的狀況，之後他們買了一張很大的書桌，每天陪孩子唸書、一起閱讀。必要的時候，也肯花錢請家教，畢竟孩子的成長只有一次，能陪伴她度過難關是做父母的責任與欣慰。就這樣，當以虹熬過前面三年之後，她建立起讀書習慣，開始會自動自發地唸書，不會再用各種小招數拖延或拒絕學習。

　　上了中學，新的挑戰再度來臨。陳尚仁發現她的數學計算較弱，即使工作忙碌，也不忘抽空帶女兒回到那張「有克服困難經驗」的大桌子，陪伴和引導孩子算數學，讓她正視與接納自己較弱的部分。「我們以身作則讓孩子曉得：不要輕易逃避問題。」陳尚仁夫婦說。

　　「當時真的是軟硬兼施，不過有父母陪在身邊，孩子確實比較願意做調整，好在最後考高中的數學成績還可以。」媽媽陪學中文三年，爸爸陪算數學兩年，過程中，女兒獲得的不僅是課業的知識，更是面對問題的毅力、累積克服困難的經驗，以及「無論如何爸爸媽媽都會陪在我身邊支持我」的安全感。

　　父母要給孩子思考的空間，尊重他們，必要時，給予另一種看事情的角度，也是幫助孩子克服心中困難的方式。

父母如何幫助孩子有思辨的勇氣，
同時立好角色和界線？

獨生子女的父母，容易感到為難的就是，想當孩子的朋友，卻讓孩子心理上不小心養成越界的壞習慣。對於這一點，陳尚仁夫婦認為，父母跟子女之間仍應該設立角色的界線。「雖然我常說要當孩子的朋友，**但孩子還沒成年以前，父母親仍要做孩子的父母親，這觀念很重要。**」他們夫婦很關心女兒的紀律、性格、毅力，以及面對問題的能力，期待「早早培養、後無大患」的原則讓自己可以越教越輕鬆、享受孩子的成長。

以虹小學時發生過一件事，因為她英文程度好，偶而會發現老師的錯誤，但是，她從不會當場挑戰或糾錯，讓老師在同學面前難堪。因為爸爸媽媽教導她：「正因為有聰明才智，更需要把優點、能力放在正確的事情上面，包括幫助別人、鼓勵別人、成就別人。」這樣的教導，讓以虹在長輩和老師面前是位言行得體的女孩。當孩子懂得尊重他人，尤其不要失去對長輩的敬意和禮貌。如此待人，最終受益的就會是孩子本身。

不過，從小被教導要溫和待人的以虹，長大後通過國考，正式成為律師時，年紀輕輕的她，面對法庭上各種人性的試煉場：離婚、爭產、棄養……等各種比電視劇還要衝擊心靈的人性黑暗

面時，她會成為一位什麼樣的律師？陳尚仁夫婦非常關注以虹如何應對和變化。

結果讓他們側目。陳尚仁說：「我們看見以虹在工作中找到信仰的意義，她會用法律專業去幫助遇到困難的人，甚至，她才20多歲，一個法律新人，居然有勇氣站立在法庭上指正法官的錯誤，我好訝異，她是怎麼做到的啊？連我都不敢，她竟然敢，我真的很佩服。」

面對欣賞和肯定，以虹則是一貫的謙虛和甜美。事實上，支持她理性地從錯綜複雜中找出解決問題的曙光，就是信仰在她裡面的基礎。然而，**解決問題的能力固然重要，但人要能往前行，謙卑的態度也很重要，有如雙腳健康，路才走得穩又遠，父母總不會希望教養出有能力但自大狂妄的人。**

認真回答孩子提出的問題，像回答自己一樣

孩子在校園學習，看似快樂學習，然而孩子們面對各種課程的快速變動和挑戰，是大人難以想像的。為了刺激孩子的學習和成長，學校設計的課程，前一小時還在思考中文的博大精深、下一小時就轉換為三角函數的應用，再下一個小時雙腳已在操場上

奔跑，手中拿著接力棒，然後汗還沒乾、心跳尚未降緩，人又坐在教室裡，拿著軟毛水彩筆，為蒼白的畫紙塗上花花綠綠的構圖、著色。試想，如果要我們大人再過一次那樣的生活，我們願意嗎？

將時間軸拉長來看，孩子從國小開始，每兩年就要面臨一次拆班分離，要面對新老師、學習融入新班群和新的生態，雖然有新鮮感，卻也難免焦慮。大人在面對一小時的面試都會緊張有壓力，何況是小學生要在一日內，知道新教室、進入新教室、在陌生的新環境中待上一整天，誰說我們的孩子不厲害？

因為是「小孩子」，沒有太多發聲的機會，也還沒累積成熟的言語詞彙傳達感覺和想法，當孩子上了國高中，開始會表達，提出感受、疑問、甚至質疑時，不妨用聊天的方式，讓孩子輕鬆說出他的想法和感受，不要打斷地傾聽，或是用討論的方式，引導孩子思考如何解決問題。

陳尚仁的女兒因為爸爸工作和進修的關係，得不時面對遷移的生活、新環境的適應、不同文化的衝擊，面對未知的不確定感，讓女兒心中產生許多感受、思考和疑問，對此，陳尚仁夫婦知道**當環境改變時，需要花更多心力關注孩子在言語或行為上的變化，**

才能看到她內心真正的需要，因此就算她用很直接的口吻提出疑問，也嚇不倒他們，依然能夠體恤她的感受、從孩子的需求中找出引導和回答。

「對待孩子其實就像對待朋友、下屬一樣，最好是用成熟的方式取代打罵和威權，花時間傾聽，試著按著她年齡可以懂得的方法，耐心的帶領她理解周遭的人事物，探討不同決定之下帶來的不同結果等等，很快的，你就可以獲得孩子的信任了。」有些父母覺得麻煩，想用省時省力的「填鴨式」回答，反而會讓孩子感覺自己的問題是個「麻煩」，知道被「應付」，恐怕漸漸的就不會再提出心中想法了。

「孩子越大遇到的問題會越困難、也會越複雜，父母也需要學習和自我精進，才能在孩子探索人生、有需要的時候，成為她最重要的教練和老師。」這是一個同時存在多種信念的時代，我們認為重要的信念要怎麼讓孩子認同、為什麼要認同？**親子需要經過很多的對話和討論，價值觀才能傳遞下去，信念才會穩固，**「例如信仰問題，常常就是我和女兒辯論的主題，如果我沒有紮實的神學基礎、研讀聖經、實際經歷神蹟，我就無法將自己覺得重要的信仰順利傳承下去了。」

孩子也是天生的哲學家，大人提供許多訓練和課程，就是希

望能開發孩子的探索能力。我們會希望腦部的開發鎖定在「課業」區域就好了，其他事情還是乖乖聽話就好，然而腦部開發是整體的，開始學會思辨之後，處處都是孩子探索、研究的對象，包含生命的本質、存在的意義、自我價值都是青春期少年格外好奇之所在，「這時候就是生命教育最好的時機了，千萬別錯過！**把孩子的學習全部交給學校並不明智，把主導權拿回來，關心孩子的處境和環境，盡量回答孩子心中的疑問，時不時就告訴他們父母愛她，適時給予成長所需的心靈養分。**」

當女兒決定就讀法律系後，陳尚仁開始陪她看「法網遊龍」等相關法律的影集、節目，會針對影集當中的議題、案子進行諸多討論。「現在好多孩子並不知道父母的行業、每天工作在做什麼事，另有父母常說自己不懂孩子的學科，沒辦法和孩子一起研究或分享，但其實**知識之間有共同連結，也是為什麼跨領域學習這麼夯，聰明的父母只要花一點時間，找出自身經歷和孩子所學共同的連結點，就可以無話不談了，是非常值得的事喔！**」

例如，陳尚仁的專業是倫理學，他知道每條法律的背後，都有一套對應的倫理哲學，因此就用法律哲學和女兒進行對話，並鼓勵女兒也修習哲學以瞭解法律來源，奠定更深的專業根基，因為當大多數的法律人忽略了最基本的思辨時，若女兒懂，就像悠

遊在藍海一樣，往後女兒在法庭中得勝的機率一定會大大增加。事實證明，如今才 20 多歲的她，已能在法庭中跟歷練豐富的律師進行無懼辯論，為正義喉舌。

細數家族歷史　培養傳承眼光

傳承是一種將眼光放遠的能力，「就像開車，方向盤偏一點方向就會差很多，如果在高速公路上，眼睛只專注不要壓到車旁的兩條線，反而不穩，但如果眼睛看得遠遠的，目光鎖定遠方路的中間，就會出奇的安穩。身為基督徒，我們的眼光是永生，我們在世上擁有的一切是暫時的，想帶也帶不走，因此問題會變成：你想要留下什麼？你將會留下什麼？」陳尚仁深刻思維這件事。

這裡要談談「放任主義」了，這是近年興起的教育理念，主張孩子喜歡什麼就做什麼，大人最好不要刻意引導和指正，讓小孩自由成長，以致能找到自己的天賦。陳尚仁透視這理念背後的假設是：事情沒有所謂的對與錯、好與不好，一切都有多元的可能。聽起來很新潮開放，但這樣「沒有什麼事是一定的」思想其實會造成年青少年沒有根基、沒有著落、沒有方向的茫然人生觀。

對此，陳尚仁表示：「曾有一段期間，基督徒被稱為『相信

一本書的那些人』，我們生活的一切，就是遵照這一本書，聖經，的指示，聖經是人生的說明書、是生命的原則。」上帝有絕對善惡對錯的標準，在教會生活中有一套系統，一脈傳承，從見證中聽信神的作為，從處事中了解團隊合一的道理，從榜樣中學習做人處事的道理，因此我們知道凡事有「好與不好」、「好與最好」的分別，幫孩子建立辨別基礎，教導孩子活出最好，才能榮神益人，才能真正的幫助孩子找到自己的天賦使命，而不是讓他在失落的大海漂泊。

也許你會擔心，如果把不好的也傳承下去怎麼辦？

「我們都聽過有一種遺傳性疾病『地中海型貧血』。我曾在一個客家教會服事，當時有一對夫妻，雙方都是典型的客家人，聽見醫生說腹中的孩子很可能患有此病後，請全教會幫他們禱告，求上帝給他們無畏的信心，也醫治孩子。我們就一直禱告、一直禱告到孩子出生，結果孩子非常健康，全教會都好開心！」上帝是大於遺傳疾病和一切不好習性的神，即便我們不夠好，生養小孩是信心的行動，相信上帝會賜你這個孩子，就有能力保護你和這個孩子，並且要讓你享受傳承的滿足。現在很多年輕人選擇不婚、不生，訪談時，以虹表示她很期待未來有自己的家和孩子，就像父母給她的家一樣真實可愛，陳尚仁夫婦當場開心歡呼。

陳尚仁也很感念他的上一代，「如果說我對家庭還有一點貢獻，要歸功於我爸爸陳子雄，他是一個很愛孩子的公務員，願意花時間、心力栽培我們。我永遠記得他為了栽培我學音樂，不惜把最愛的海水魚缸撤掉換擺鋼琴的決定，這正是愛孩子比愛自己更多的行動，我至今仍深深感動。」

身為第五代基督徒的陳尚仁回憶，從小過年時，得聽爸爸說完祖先的信主故事後才能領紅包。「直到我自己當爸爸，才明白父親的智慧，就像舊約聖經的猶太人一樣，**用家族故事延續家族的信念**，孩子一年一年的聽、後裔一代一代的傳，如今，我也把先祖的故事加上了自己的，**傳承給女兒**。她會一直聽、一直聽，直到有一天這也成為她的故事、她的根，她對她的孩子說的床邊故事。」

當我們明白傳承的重要性，就不會輕易說出「養你超花錢」、「要不是有你，我早就可以享福了」這些讓孩子覺得自己是負債、賠錢貨的話語；反而，有傳承意識的父母，會將婚姻和家庭看作一筆重要的投資：當孩子得到好的教養，擁有好品格，能夠獨立思考，愛神愛人，回饋社會，成為別人的祝福，這就是父母生命美好價值得以延續的最好典範。

"

陳尚仁牧師的觀點：父母是一種呼召的天職

陳尚仁牧師說，因為他是基督徒，分享一個馬丁路德提出的觀念：「萬民皆祭司」。他指出，這一生能夠「成為父母」，是出於上帝最重要的呼召之一，非常重要的使命，是展現人生意義、體會無條件愛的獨特管道。

「這世界常要我們以自我中心思考、多為自己想，但只追求自己的快樂，到頭來往往會陷入更深的空虛，奇怪的是，有意義的服務別人，反而容易讓人打從心裡得到喜樂和滿足。」這是上帝創造人的奧妙，也是來自天上快樂的法則，父母的身分，正好可以極大化這樣的奧妙，無論你相不相信，這可是上帝給父母格外的恩典和獎賞哩！

"

獻瑩爸爸愛家心語

愛與陪伴
是兒女羽翼下的風

我們從這個家的女兒以虹選擇法律系、日後當律師的歷程來看，可以推測她是個聰明、有想法、重思辯又有勇氣的女生。其實，面對這樣的孩子，教養上需要更多的溝通和理解，否則小時候與父母親近，一旦孩子長大了，父母沒有跟上他們成長的腳步，無法與時俱進地和孩子對話，將會導致親子之間的疏離和緊張，使這些聰明又有能力的孩子更容易選擇自己飛、獨自闖，將家人拋下，嚮往廣闊無邊的天空，這樣的例子不在少數。

然而，陳尚仁夫婦懂得持續學習，成為孩子在不同階段的依靠，耐心陪伴女兒、回覆她每一個生命的疑問，願意一起面對艱難挑戰，並且精心創造父女之間無可取代的豐富回憶。這種種愛的記憶和關懷，讓以虹沒有變成那隻獨自飛出家門的

孤鳥，而是成為羽翼茁壯的成鳥，願意保護家庭、照顧家人。

　　不過話說回來，陪伴孩子說來容易，但真的容易嗎？現代父母往往背負多重角色、工作忙碌，「沒時間」常常成為無法陪伴孩子的最大原因，面對這個困擾，我認為陳尚仁牧師的這篇故事可以給我們很大的鼓勵。身為牧師、學者甚至學院的院長，他的時間安排想必很滿，卻能夠陪伴女兒從事這麼多需要大量時間的戶外運動，也盡量不讓孩子的期待失望，可見這個願望還是有達成的機會喔！

　　以我本身的經驗來說，「沒時間」這個問題，基本上沒有方法可以克服，除非父母體悟到陪伴孩子是一項「聰明的投資」，才能夠在越忙碌的時候，越會刻意安排彼此陪伴的家庭時光。

　　我常想，陪伴可以用一個英文代表：「time」，因為陪伴需要花時間，創造精心時刻，也因此在忙碌中刻意安排時間是一種投資，當孩子有問題不馬上給予答案而引導孩子慢慢思考，也是一種 time 的投資。

　　這裡想提醒的是，陪伴不是監督，別造成孩子「被盯著看」的壓力，而是讓他們感覺到「我們很喜歡跟你在一起」、「我很希望聽見你的想法」，才是投資在正確的標地上。

　　那麼，投資在孩子的陪伴上，可以帶來什麼效益呢？許多專家學者指出，當孩子有足夠的陪伴，心中的「感情槽」被愛填滿了，就越能展現真正的獨立自主。他們將有很深的安全感，知道無論如何後方永遠有家人的支持；也因為他們了解自己是深深被愛、有價值的人，所以同時能展現具體的自信心、不容易因為一時的挫折而受傷。如此，孩子不就更能夠在事業上、人際關係上成為優秀人才了嗎？這樣的孩子也會很愛父母、懂得孝敬父母，也更能適當的教育和陪伴下一代，如此看來，這個投資不僅效益豐厚、綿延不絕，而且世代受益呢！

陪伴能幫助孩子建立穩固安全感，幫助他獨立自主

陳尚仁感謝父親重視教育、
呵護家庭的好身教

越忙越要刻意陪家人
特別是把握機與長輩相處

陳牧師全家人很喜歡跋山涉水，親近自然也親近彼此

阿嬤（左二）曾在牧師出國深造的兩年間幫忙照顧
母女，成為家庭支持的力量來源

康以虹（中）小時候經歷跨文化就讀的挑戰
全靠父母耐心陪伴和幫助

父女倆喜歡一起嘗試、挑戰各樣活動
創造獨特且無可取代的回憶

三個高思辨力孩子，三倍難搞定！

如何帶到全部進入首選領域，身心健康、相愛和樂？

讀書就像跑馬拉松，懂得配速才會贏！

李春和與王梅馨在大學團契中相識，一起主持節目培養出好默契，互相欣賞，進而交往。李春和退伍半年後，兩人比預定計畫提早步入禮堂。「後來我們討論，覺得早婚是對的決定，這樣我們才有足夠時間和體力來養育三個孩子。」很幸運地是，三個孩子來臨時間都差三歲半，沒有事先規劃，都是上帝算得準準的成果。

早在還沒成家前，李春和常照顧哥哥姊姊的小孩，帶養小小孩對他來說就成為理所當然的樂趣。等到婚後有了大兒子言光，也比較知道如何陪孩子。大兒子兩歲之後，週末常會帶他到自己的博士班實驗室一起作實驗，回首邊進修邊帶兒子的過程，李春和露出感動的微笑：「因為耳濡目染，言光後來也讀台大物理系，成為我的學弟。」

父母的興趣是孩子認識世界的門。在這個家中，爸爸李春和的興趣廣泛，時常帶三個孩子下象棋、玩圍棋、鬥橋牌，甚至是動態的打棒球、桌球、游泳、抓魚、到溪邊撈小蝦。王梅馨笑著說：「要冒險、玩耍就找爸爸，要安慰、談心就找媽媽」，夫妻倆平衡互補，讓孩子有充分發展。

不過，父母親跟孩子是同一天產生的角色，李春和不諱言，年輕時經驗不足，也會擦槍走火：「記得有一次老大在我拖地時奔跑滑倒，我不但沒有安慰他，還打他，怪他不懂事，回想起來挺愧疚的。」

分別時間　堅持家庭時光（Family time）

李春和身為台大物理學博士，專注在電子產品及測試認證產業，目前是一間德商總經理，在孩子成長階段，工作相當忙碌，偶而也需要到國外出差。太太王梅馨退休前任職美國在台協會的資料館，三個兒女都是台大及台科大的高材生。然而，在這個家中，歡樂笑聲跟旅遊計畫從未少過，孩子們感情極為融洽，在外面的人緣也都很好，讓周圍很多親友都感到羨慕。

曾有朋友好奇地詢問李春和，在公司要帶領管理那麼多部門，又有教會的服事，回到家還要跟妻子同心帶養氣質／個性／想法都很獨特，教養難度很高的三個兒女，他們是怎麼做到的？李春和沒有任何長篇大論，他只是真誠地說：「就是把時間分別出來給上帝，給家人，給公司，上帝就祝福滿滿。」

李春和指出〈聖經〉中以賽亞書寫道：「主耶和華以色列的聖者曾如此說：『你們得救在乎回歸安息，你們得力在乎平靜安穩。』你們竟自不肯！」上帝要以色列人懂得安息，要懂得將事情交給會幫忙你的上帝，但是以色列人自以為是，偏要騎快馬去追趕敵人，上帝說，因為以色列人不聽話，也會被敵人騎著快馬追趕，「反過來說，如果我懂得安息，上帝就會讓敵兵不動，我不用自己去追、也不會有人追趕我。」因此即使很忙，李春和一定遵守安息日，周末及週日都儘量不安排任何工作，這兩天就是分別出來，專心在家庭時光 (Family time) 和教會的時間。

當李春和這樣做，上帝就保守他的時間和精力，讓他凡事順利。大兒子出生的時候，他正在讀博士班，研究工作吃重，只要假設不對、目標不對，或數據不對，實驗就會失敗，研究者常常在這個階段得全神貫注，「但我非常順利，當時我幾乎需要什麼數據就能得到什麼數據，指導教授也給我很多幫助和支持，所以很快拿到博士學位。可見遵守上帝的話，祂就會祝福，使我能安息，又能享受很棒的成果，真是好得無比。」

經歷上帝信實的李春和夫婦也如此教導孩子，從小到大不因升學考試就暫停教會生活：遵守上帝的話語，上帝就會幫助你們。「現在回頭看，很慶幸我們在那些不容易的時刻堅持到底。」

玩過夜、出國遊，一對一的精心時刻竟然可以這樣做

在李家，夫妻倆很早就看見三個孩子天生氣質的差異性，也討論跟制定出一個特別的傳統，就是一對一的精心時光。有些家庭會一對一吃飯，或者一日遊，李家的作法是「我們會輪流跟一個孩子出去旅行，甚至出國。」這個特別的 idea，起源於某年連日下雨，灰濛的天空讓王梅馨非常陰鬱，覺得再不想辦法，就快得憂鬱症了。熱愛旅遊的她向先生提出想帶兩歲的二女兒去關島玩的計畫。李春和支持力挺，他留在家照顧老大，後來效果非常好。從那年起，便開啟了李家獨特一對一的親子旅人時光。

獨自帶孩子過夜、出國，絕對比一餐飯或一個下午來得不易，然而愛的存款的深度也提高許多。王梅馨強調，一對一時，對孩子們不再是 1/3，宛然就像獨生子或獨生女，能獲得全部的專注。根據他們的經驗，「**24 小時單獨和某個孩子在一起，不用特別規劃或挖掘，親子間會聊起很多平日不會聊到的話題，而且時間充足，不會有其他兄弟姊妹或家事干擾，可以和孩子發展出很深入的對談。**」王梅馨覺得非常值得，條件允許的情況下，很鼓勵父母們試試看。「尤其男孩子通常不太說內心話，說了也是比較表面的答案，但是在一對一的旅途中，24 小時、48 小時、72 小時，一定會有一個非常特別的時刻，可能在車程之中、可能在洗澡後，

或是睡前，如同上帝的一把鑰匙神奇地開啟孩子的內心。」還記得在老大唸研究所時，為了前途道路，經歷很深的低潮期，父母心疼卻莫可奈何。當時王梅馨刻意安排和大兒子一對一出遊，李春和時不時傳訊關切：「妳跟他談了嗎？」王梅馨沈住氣，只是禱告交託，一邊陪伴兒子，一邊有智慧回應安撫著急的先生：「他還沒說出來，再等等、再等等！」因為她知道，**沒有人喜歡被逼著說出心裡話，當孩子預備好又感到安全的時刻，說出的話才最真實，心也敞開，這時才有機會用柔軟的心來接受父母親的引導和回應。**

那次出遊，兒子如此，女兒亦同。女兒在一次出遊中，和媽媽分享了她生活中經歷的挫折，細膩又全面地說出她在乎的部分、無法放下的原因和生氣的狀況，這些都是在鬧哄哄的家裡無法分享的話題，卻在獨處的精心時刻中，內心深處的情緒才會被釋放出來。

每個人都是獨特的創造，人與人之間，無法天生就認識對方，即便住在一起，即使是親子，沒有花時間和心力去相處了解，一樣可能陌路。**一對一的精心時刻，不僅讓孩子得到父母專一的關注和指引；另一方面，也讓父母更深入了解自己的孩子，學習和孩子不同時期的相處訣竅。**

個別旅行之外，全家一起旅行也是很寶貴的時光。李春和夫婦曾經為孩子設計了一場無預告的浪漫出遊，「我們先幫孩子們請好假，把行李藏在後車廂，若無其事的去接他們放學，等到孩子們發現，咦，車子怎麼開得越來越遠？這才知道是要出去大玩。哇！他們都發出興奮的叫聲，開心得不得了！」這件事至今仍是孩子們興奮瘋狂，津津回味的童年回憶。

三個活潑聰慧孩子 三倍難搞定
夫妻聯手經歷甜蜜挑戰

然而，帶養非常有自己想法的孩子，真的就很輕鬆快樂嗎？其實，李春和除了當孩子們的導遊與兒女同歡，他還必須擔任隨時的專任家教、教孩子功課與孩子們共苦，這才是接近於不可能的任務啊！

因為大兒子小時候太好教，三歲能當眾親友面前背聖經及算百位數學，讓李春和覺得「哈，教小孩有什麼難的！」然而，到了老二，女生在數學方面比較有挑戰，教到孩子哭、爸爸氣，太太皺眉提醒：「如果你這樣教她，反而讓她放棄數學，會比較好嗎？」李春和覺得有道理，開始放慢腳步，咬牙磨練耐心。好在女兒也很聰慧貼心，後來讀了輔大物理時還對爸爸說：「我最喜

歡爸爸教我了，你教的比我們老師還好！」為了孩子們信任的眼神，李春和就陪他們拚到底啦！

「要有快樂的童年，面對未來才會有喜樂的能量」，李春和比**喻讀書就像跑馬拉松**，懂得配速才會贏，如果國小就開始要求成績，高中時可能就沒力了怎麼辦？到後面誰要來拖著他、拉著他跑？或者，他會不會直接放棄賽局？李春和也理性的補充，「唯有數學要好好學，我觀察過，數學落後的話，後面要追幾乎是追不上的。」如果孩子認真學數學也學不好怎麼辦？還是那句話，為他禱告，神有辦法。

挑選大學時，女兒志向還不明確，只知道數理比較好。「我跟她說，既然不明確，就選一個會水深火熱、印象深刻的科系，不要選擇輕鬆的科系、虛度四年。」女兒採納爸爸的建議選擇挑戰，卻因課業太重，每天都要回家哭訴。李春和心疼女兒，為了跟孩子並肩作戰，他利用下班時間將女兒所有課本都研讀一遍。太太看在眼裡，感動地說：「那時候，他真的很拚，下班很累了，回家聽見女兒說，『爸爸，我明天要考試，題目在這裡喔！』他馬上又提起精神，和女兒一起奮鬥。」

而孩子總有開竅的時候，父母耐心相伴就等這一刻。大二時，女兒有一天自己向上帝禱告：「主啊，可不可以讓我上課都聽得懂、讀書都讀得會？」上帝回應 OK。隔天，她竟然真的都聽得懂！之後每一次上課前，女兒都禱告。「就這麼神奇，大三以後，她的課業幾乎都不需要我協助」李春和笑著說：「不過，別忘了我還有老三，接著馬上換老三拿微積分來問我了。」李春和夫婦幽默地說，父母能被孩子需要，也是件幸福的事啦！

　　還有一次，老大的英文家教向王梅馨求救，說兒子實在是教不動。王梅馨說：「我一聽，當場覺得很丟臉，虎媽個性爆露，立刻大叫兒子過來，準備開訓一番。」好在，上帝奇妙地修改了她內心的劇本，看到大兒子時，王梅馨竟然脫稿演出：「兒子，其實老師非常肯定你，甚至認為教到一個國寶，這麼聰明卻不認真，老師感到非常惋惜。」奇妙的轉折發生了，老大從那次之後開始認真讀英文，進步不少也得到成就感，有了續航的動力。王梅馨說：「神很恩待我們，給了父母自身沒有的智慧，能夠正向地引導和養育孩子。」正向鼓勵的方式，比教訓更能帶出巨大影響力。

　　王梅馨曾問孩子們，覺得爸爸媽媽做對的地方是什麼？他們一致說：「常常花時間跟我們在一起。」讓孩子明確的知道無論

如何，爸爸媽媽都會在他們身邊、力挺他們，是最棒的禮物，也能得到意想不到的收穫。

超高難度挑戰來了！高智商老三態度犀利， 老師釘選貼標籤，總成績直下六折，爸媽怎麼因應？

老大和老二陸續因應過關，然而，到了小兒子，讓李春和跟王梅馨的教養功力直登華山論劍等級。這個寶貝帥兒子，天不怕地不怕，說話犀利，不善轉圜，還會說謊掩飾。雖說他國小、國中沒犯大錯，但小錯不斷。舉例來說，小兒子覺得「抄書」是無聊又不必要的，竟然在聯絡簿上偽造爸爸簽名，讓爸媽頭毛都豎起來。王梅馨笑說，家裡常接到學校來電告狀，讓他們一聽到電話聲就害怕。老師曾經對李春和苦笑說：「你小兒子還好啦，只是出事現場他都在那裡。」

夫婦倆向小兒子求證，他確實都在事發現場，但，是因為他在幫同學禱告！小兒子不服氣地反問：「這麼重要的時候，為什麼老師不在現場？」李春和感概地說：**「他小時候屢勸不聽、老師告狀不斷，怎麼做都沒有改變的時候，我跟太太說，只有兩個原因，第一個是上帝要我們調整自己的眼光，孩子沒有錯，錯的是我們；第二個，我們的禱告還不夠，責任在己，我們做父母的**

要更多的為孩子禱告。」

　　一路禱告，關關難過關關過。沒想到，上了建中，小兒子惹火一位老師，段考成績明明考到全班最高分，學期總成績打下來卻只有六十分！老師認為他「學習態度不佳，上課睡覺、滑手機，愛講話」，狠狠將成績扣壓到最低空，危機紅燈大作！

　　「為什麼不好好聽課呢？就算你覺得老師教的你早就懂了，也要尊重課堂秩序，你聊天又滑手機，老師當然會修理你啊！」夫婦倆耐心跟小兒子溝通，小兒子回說：「隔壁同學不會，我好心教他啊！後來老師不准我講話，我沒事做，當然就只能滑手機啊！」王梅馨只能告訴孩子，該道歉就要道歉；如果是老師要求過度，要忍著回家跟爸媽討論，切勿衝動行事，也不可以跟老師當場對嗆，要守學生本份；另方面，她也設法跟老師溝通，但在溝通過程中，看見兒子已經被老師貼了標籤，也不免心懷不平。

　　發現太太開始有情緒，李春和立刻予以安撫，完全接手。「我發現老師確實在訊息中有不少刺激性言語和情緒，但我就是心平氣和回應，也更多去同理老師的處境和心境，到後來老師回了一句：『看來爸爸是可以溝通的人』我知道已經取得老師信任，這才能啟動正常溝通。」在不放棄的疏通協調下，小兒子最後半學

期總算穩定好好上課，成績表現優異，幫助其他同學複習功課。

　　協調師生關係是一個漫長的過程，途中的情緒起伏也很真實，李春和沒有拉關係去找熟識的校長，而是選擇幫助老師與孩子改善關係，希望彼此可以跨越障礙，撕下標籤，互相理解，對未來的教學和學習懷抱祝福，得到雙贏好結果。

　　當小兒子還在媽媽肚子裡的時候，李春和曾經領受感動，做出了這樣的禱告：「主啊，這個孩子交給你來管，因為這個孩子將來可能會成為台灣未來重要的領導者。」當他們靜下心來，挪去在孩子身上的評論和標籤，發現老三其實擁有不懼威權，在龐大壓力下也能勇敢說出真實話的優點，彷彿有一種與生俱來的安全感，流露出篤定的自信，這些都是非常難得的領導特質，如同上帝當年擺放在李春和心裡的感動，小兒子成為這樣特質的人。而作父母的，除了領受教養兒女的啟示，也必須在各種歷程中，忍耐等候直到孩子在上帝的心意和計畫中發芽結實。

　　在不久前的父親節，小兒子送給李春和一封信，信中寫道：「你是我認識的人當中最像耶穌的人。」因著這句話，一切辛苦都值得了。

三個兒女三種個性，如何帶養他們各自發展， 又能手足相親？

父母是維繫孩子生命條件的主要角色，孩子對父母的心思變化掌握得比誰都到位。**親子之間存在一個精密又緊密的迴路，孩子像貼身小小觀察家，每時每刻一顆心都牽繫在父母身上；也像面鏡子，父母的眼光，就反映在自己的身上，形成孩子的自我認知及自我價值。**

父母除了要處理孩子個別的議題，手足問題更是從古至今的大哉問。以李春和的女兒來說，成績沒有那麼優秀的她，卻夾在兩個資優的兄弟中間，常感到挫折，李春和對此跟女兒說沒關係，盡力就好，不要比較。王梅馨更是主動和女兒一起探索強項：「她的行政能力、理財力、生活技能和對人際關係的敏銳度都比哥哥強很多，研究所的老師表示有她在就安心，總是能把交代的事情做得妥當，」王梅馨會對女兒說：「妳看，這就是哥哥、弟弟沒有的特質啊！」

發覺成績以外的優點，對王梅馨來說並不容易，因為她天生好勝，為了愛孩子，她常提醒自己要調整心態，用不同的眼光去欣賞他們的特質，甚至積極的陪伴孩子尋找長處和興趣，建立對

自己的信心。「**我常說，鼓勵不夠，要再加上稱讚**，尤其關於品格，例如，優先讓老太太上廁所、幫助同學等等，我一定大方讚美，讓他們知道媽媽為此很開心。」每個孩子都希望得到父母的稱讚，肯定的言語如同澆花的水，力量無窮，帶著生命契機。

　　不鼓勵孩子告狀，也是一個維護手足關係的好方法，李春和會直接跟孩子說：「除非是嚴重的品格問題，或者有生命危險的事情，不然我不希望你們來跟我告狀。」王梅馨則會發揮母愛，傾聽孩子的委屈，但仍與爸爸站在同一陣線，不鼓勵他們私下打彼此的小報告。

　　另一個秘訣，王梅馨常常提醒其他父母：如果家裡有三個孩子，要護著老大和老二；如果有兩個孩子，就多尊重老大的想法。「當朋友來看老三時，如果有帶禮物，會小小提醒對方，老大、老二也要一份。」這是感受性問題，不是說不疼小的，而是最小的孩子，出生時融入就好，可是其他的孩子，需要花更多的力氣去接受、改變和調適，對孩子來說不是件容易的事。李春和的孩子們也不會出現二打一的狀況，甚至當媽媽氣得要把老三送去軍校的時候，老二會通風報信：「快去跟媽媽道歉，她在上網查軍校了啦！」

如今，李家三兄妹手足情深，令人羨慕。老二在哥哥結婚時，感性的寫了一段話：「以後早上沒人陪我一起在咖啡廳讀書了，以後半夜發現蟑螂沒有人可以幫我打了，以後團契結束不用等哥哥要自己回家了，以後晚上沒有人跟我徹夜聊天了，以後我們家少一個人了⋯⋯謝謝你，一直都是好哥哥，是我的好榜樣。哥哥我愛你，祝你幸福喔！」

獻瑩爸爸愛家心語

Family time 對孩子
是最有質量的澆灌和栽種

在這個家庭中，我們看見一個很特別的情況，就是這個家的爸爸媽媽很看重 Family time 也就是家庭時光，這個家的五位成員都是很忙碌的，爸爸媽媽是雙薪族，甚至爸爸要在大學的實驗室裡整天專注工作，三個孩子的課業也都很吃重，但是，他們特別看重 Famiy time，就我了解，他們約好每星期天的晚上，長達十多年都是如此。

現代社會大家都很忙碌，不只父母親忙，連小孩都很忙，忙著上學、補習、補才藝，還要忙著滑手機跟同伴互動。這些忙碌看起來都很正常，都很必須，也沒有什麼不好；但是，「忙碌」會偷竊家庭時光。如果沒有規劃或約定好一個時間，沒有刻意分別時間給家人，少了這種彼此專心陪伴的 Family time，家人間很難有好品質的家庭時光。

為什麼 Family time 很重要？家庭時光對夫妻、對親子有什麼好處？我曾經去以色列旅行，看見一個景象，在他們安息日的夜晚，道路都封街，商店都關門，放眼望去，每個家庭都帶著三、四孩子，打扮漂亮去親友家參加家庭聚會，或是上街互相問安、散步走動。旅居當地的朋友告訴我，以色列文化很看重家庭，他們認為一個家能夠生兒育女、多子多孫，是上好的福份。而且，他們很重視家人或親族之間的互動，喜歡圍一張大桌子，餐桌上擺放各樣食物，吃喝聊天，非常快樂。

　　我也觀察到，歐美家庭好像特別看重餐桌的位置。我們家旅行時住過一些民宿，他們的廚房都很寬敞，餐桌的位置常擺在房子裡最棒、最寬適，甚至是有景觀的地方，跟華人家庭不太一樣。

　　傳統華人家庭常把客廳放在最大的位置，擺一台很大的電視，吃飯時大家都對著電視，很少交談。在中南部，為了避免油煙，也常把煮飯的位置獨立成一間，煮飯時門一關，媽媽／煮飯者的背影也被隔開了，沒有人看見她們揮汗如雨的辛勞。

　　歐美國家廚房和餐桌的設計卻不太相同。廚房採開放空間，有一個吧檯，很多跟客廳是相連的，孩子看得見媽媽在煮飯。有些家庭會把餐桌放在廚房中央。這樣的設計概念是：家庭中，餐桌會是全家人花最多時間在一起的地方。孩子們圍繞著餐桌，跟爸爸、媽媽一起享用美食，一起聊天，一起歡笑。

　　一家人不論是吃美食、看影片，說說笑笑、討論事情、分享感受……最重要的核心意義是「在一起」。就像故事中的這個家庭，他們會刻意排出固定時間，每週相聚，甚至一對一出遊，享受彼此的專心陪伴，享受把對方看為最重要的人，享受那種我會在你身邊永不離棄的情感。如此一來，專心的孩子被陪出來了，品格優良的孩子被稱讚出來了，生命的安全感與穩定性也被擁抱出來了，一個家的幸福也能代代傳承。

建立一周一次、固定的家庭時光

是給孩子最大的祝福

三個兒女都相差 3 歲半，讓李春和夫婦可以悉心規劃、完整陪伴

三兄妹都分別考進入
自己最喜愛的領域

大兒子言光（左）去年娶到心愛的伴侶，全家人的生活更加豐富喜樂

124

在父母親的教養和陪伴下，
三人從小就彼此相愛、互相欣賞

小兒子絕頂聰明、熱心助人卻不小心得罪老師，
父母親選擇用智慧和陪伴應對

家庭旅行是李家人最喜愛且享受的活動之一

三兄妹在成長過程中
一起經歷和締造許多美好回憶

狹小麻雀屋，能不能培育出翱翔的老鷹？

用對愛之語，讓青少年自己來黏你

在非營利組織工作、一份薪水養活一家四口的廖三利，一度還將失智症母親接回家養老。這家人三代五口，擠身在只有兩個房間的家中，渡過青春期、更年期、撞牆期、失控期、風暴期……長達九個年頭，不飄窮苦味，常聞滿屋歡。大兒子考上建中資優班且彬彬有禮，小兒子不但也考上建中還貼心懂事，是公認的小暖男。這個家，是怎麼熬出頭且活出來的？

愛之語　提升關係的黏著度

廖三利和太太呂元虹，不是特別的名字，卻是讓認識他們且聊到他們夫婦的人，都會不自覺掛上肯定微笑的名字，甚至有些人羨慕這個神奇的小家庭。這對夫妻為什麼可以生活這麼辛苦，卻有讓親友羨慕的幸福感？他們說，愛之語是他們家提升關係的黏著劑。他們懂得擅用對方的愛之語，將彼此愛的油箱儲存得滿滿的。來看看他們怎麼做？

「我太太的愛之語是**陪伴**，約會對她來說很重要，但是寶寶出生後我們根本沒空約會。有一天我得到靈感，就趁太太在房間餵奶時，偷偷在另一個房間的桌子放上蠟燭和小點心，布置成餐廳的浪漫場景給她一個驚喜。」小孩睡著後，呂元虹被帶到約會的房間，驚喜不已，到現在回想起來都會嘴角上揚。

此外，廖三利每個禮拜都讓太太有幾小時自由時間，由他來照顧小孩，一打二也甘願。太太什麼都不用管，她可以自由跟姊妹約會逛街，或是看一場電影。廖三利說：「很多人聽說了為此誇讚我，其實，受益人是我啊，太太滿足開心，我的日子就好過啊，她開心，我幸福。」

用對愛之語，讓青少年自己來黏你

廖家夫婦說，他們家哥哥的愛之語也是**陪伴**，他們會個別帶他出去吃飯、遊玩或下棋，認真傾聽他。弟弟的愛之語是擁抱，「狀況不佳的時候，跟他說『抱抱』，他還是會過來給媽媽抱，緊抱、久抱，抱完後，情緒會鬆綁一些。」

表達愛之語的方式有很多種，最簡單卻最不可少的是「陪伴」。廖三利觀察過，兄弟倆在青少年階段比較有情緒，但他仍堅持，陪伴只有多、沒有少。**「就算被孩子拒絕會有點傷心，但這是我們作為青春期孩子的父母需要自我調整的地方，可不能因此害怕，反而要更多積極給愛喔！」**

刻意的在乎、精心的陪伴，也許這樣對待孩子會壓縮掉父母很多的自我時間，就像廖三利，他說就算累得像條狗，下班回家，

只要孩子喊一聲：「爸爸來下棋、爸爸來玩橋牌……」他仍會豪氣地說：「來吧！」因為，**孩子的成長有錯過不回頭的特性，認識孩子是一輩子的事，因此「對孩子永遠有時間」就成為一種非選項的堅持。**

還有一個現今親子關係的最大挑戰，在於家人之間「對手機的黏著度」大於「對彼此的黏著度」。然而，很多事情到青春期再阻止已來不及，廖三利早在孩子很小的時候就防範手機對家庭關係的影響。例如，他因為早年服兵役的訓練，吃飯速度比家人快很多，但是他吃完會刻意忍住不滑手機，並且留在餐桌上專心陪家人，「有時候孩子顧著講話聊天，我也忍住不催他們，讓孩子依照自己的節奏好好把飯吃完。」這些都是個性較急的廖三利刻意調整自己的，「我用以身作則，讓孩子知道，比起滑手機，爸爸媽媽更看重家庭時光，我們喜歡跟他們在一起。」

去年父親節，讀建中的哥哥課業吃重，仍費心自己剪輯、上字幕，作了一支影片感謝爸爸。弟弟這個國九（備註：2021年考上建中）的大男孩，常喜歡主動擁抱爸爸媽媽，差別只在於：小時候是媽媽抱住他，如今他的手臂已經可以環抱媽媽了。這一家人，也許住的是麻雀小屋，但愛的存款卻是富可敵國。

恭喜你成為哥哥！

許多父母在孩子的手足關係遇到教養難題，心中吶喊：「都已經那麼勇敢，生了兩個孩子了，還要我怎樣？」手足議題牽涉很廣，與出生的時代背景、教育觀念，世代特質的不同都有關聯，二寶爸媽絕不是1+1那麼簡單。廖三利夫婦參考熬鍊出幾個心得作法：

原則一：還沒見面就要開始經營手足關係

不少媽媽會藉著日漸鼓起的肚子，跟老大說明、引導他跟肚子裡的寶寶說話，讓期待感取代剝奪感。廖家夫婦別出心裁，在老二出生後，陪老大挑一份禮物送給寶寶，讓他一起歡迎弟弟的出生，並且幫寶寶也準備一份禮物送給老大，謝謝哥哥接納寶寶進入這個家。

廖家兄弟相差三歲，當親友來探望寶寶，行前都會收到特別通知：第一、請親友來家裡之後先去看哥哥，當面跟他說：「恭喜你當哥哥了！」廖家夫婦會事先準備小禮物讓來訪親友送給哥哥恭喜他，之後才去看弟弟。當老大接受大人熱切的恭賀和禮物，他小小的腦袋會認知到：「當哥哥是一件值得被恭喜且榮耀的事。」先為孩子的信念打底，未來的手足之路才會走得更順。

原則二：盡其所能在心態和實際行動，都不冷落較大的孩子

面對剛出生，柔嫩嫩、軟綿綿，什麼都要依賴父母的可愛寶寶，父母的心思意念很難不聚焦在寶寶身上。不過此時，請用最強的意志力記得：你還有另外的孩子，他們也需要你的愛。

語言系統和理解力，在成長過程中是慢慢被建構的。對小小孩來說，若父母只有用嘴巴說的愛，卻少了實際行動，他們不容易真實接到被愛的感受，心裡漸漸會產生失落感和被剝奪感。有時候，同樣年幼的小哥哥或小姊姊，因為言語系統還沒有建構完成，無法使用適當言詞表達自己的傷心，就會導致彆扭的行為，企圖爭奪父母的關注，出現失序的行為，甚至會攻擊弟弟妹妹。「你都當哥哥了還故意搗蛋！」父母常為此氣得用打罵來管教約束小孩。但是，請深入想想，即便引來的是責罰的關注，小小孩仍在所不惜，那麼，孩子該有多渴望父母在乎的眼光呢？

因此，廖三利夫婦在經濟並不富裕的情況下，仍做了重要決定：在呂元虹做月子期間，聘請一位幼保科的姊姊到家裡幫忙照顧老大，讓老大的生活作息不要因為弟弟的誕生而有太大改變，以前會有上午去兒童館、公園等地方玩耍的行程表都儘量維持。呂元虹也時時提醒自己是「兩」個孩子的媽媽，不是一個，所以要調整安排自己的體力和心態，讓哥哥除了有大姊姊的陪伴，能

夠保有喜歡的行程之外，仍不失去媽媽的愛。

原則三，讓孩子懂得互惠、彼此支持

有一次，哥哥畢業旅行，廖三利特別交給他300元，教他：「**爸爸媽媽不缺什麼，你不用特別買東西。但是，可以的話，請你幫弟弟挑一個禮物帶給他。**」對弟弟也用同樣的方式，鼓勵手足養成彼此顧念的習慣，傳遞愛的語言。

呂元虹表示：「其實這是一個家庭塑造的文化氛圍，爸爸他們的手足也是這樣彼此相顧。三利的哥哥們曾經無條件送我們家一台全新的車，保護我們的安全。下一代耳濡目染，也養成分享和彼此顧念的好習慣。」也許不是每個家族都有如此和睦的文化，但父母親是家的領導者，只要願意，絕對能夠帶領孩子在家中建立這樣的文化，祝福後裔。

創意妙招：用「倒帶時刻」來處理髒話問題

很多青少年的父母，對於孩子脫口而出的血氣言語常常感到頭痛。「同學都嘛這麼說啊！」「那又不算髒話。」「講了又不會少一塊肉……」越禁止孩子講，他們越收不住口，為此打罵未免大動干戈，至於嗎？怎麼辦？想想，台灣的社會環境、報章、

影音充斥著負面能量或髒話，青少年孩子很容易受到流行文化或酸民文化的影響，讓父母頗傷腦筋。

廖三利自我解嘲，他年輕時也曾是一口氣飆十幾個髒字不用換氣的部隊長官，然而當他的人生遇上這樣一段話：「汙穢的言語一句都不要說出口，凡事都要說造就人的好話，叫聽見的人得益處。」（語出聖經）他深深被提醒了，從此學習勒住自己的口舌、控管自己的情緒。「尤其是當了父母，真的需要非常注意自己的言語和行為。」廖三利能夠體諒孩子們很難不受同儕影響，所以，他發明了一套**「倒帶時刻」**的自我管理機制。

在廖家，當孩子不小心講出髒話，他們被允許這麼說：**「啊，我講錯話了，對不起，機嘎機嘎機嘎，倒帶，我重講一次。」用幽默的方式，容許孩子有機會重來，也引導孩子去思考、反省、練習說出正確對待別人的語句。**廖三利很看重孩子管好口舌這件事：「小孩子不小心說髒話，沒關係，我不會罵他、也不處罰；但，我一定會追究到他們倒帶改過為止。」學好控管口舌跟情緒，是邁向成熟的一項重要能力。

阿嬤搬進來了！失智症的情緒風暴 v.s 兩兄弟青春撞牆期

好像某個繪本故事一樣，就在兩兄弟雙雙邁入國小，進入發育期，勉強擠一個房間的情況下，爸媽突然宣佈，阿嬤要搬進來一起住了！「那，阿嬤要住我們房間嗎？那，我跟弟弟睡哪？」家中只有兩個房間，沒有別的答案，廖三利的大拇指朝主臥室一比，事，就這麼成定局了。

一家四口擠同一間房，媽媽捨棄梳妝台，改放兒子的書桌，客廳的玩耍空間也被拿來讓老人家看電視，考驗不只於此，阿嬤搬來是因車禍導致腦部病變，轉為失智症，夾帶著許多不確定因素劈空降臨。腦傷讓阿嬤不認人、尿失禁，又不願配合照顧者，想幫她包尿布她會大發雷霆，常吵著要自己出門；但事實是，阿嬤連走路都會跌倒，照顧難度超過想像。

「要照顧我媽很不容易，尤其她之前曾經非常針對我太太，嚴厲起來從不手軟，以前元虹跟我回我爸媽家，我媽可以完全不跟她講話、也不正眼看她，但我太太還是願意接納她、親手照料她，真的很偉大。」廖三利感謝又語帶感傷。

太太呂元虹誠懇地說：「我必須說，我們家不是特別會照顧，

而是特別會禱告，每天都跟上帝求恩典。」阿嬤一度身體情況非常不好，全家禱告後，幾天內阿嬤就回穩了，照顧過阿嬤的親戚都覺得不可思議。然而，迎接阿嬤回家後，廖家面對的，是阿嬤腦內風暴引發的情緒毒鉤。失智前，阿嬤常對媳婦呂元虹和大孫子口出惡言；失智後，換成小兒子遭殃。

當時念小一的哥哥會帶獎狀、獎盃回家，奶奶看重成績，覺得老大優秀，捧在手上疼；另方面，對幼稚園的弟弟則罵他、嫌他、為難他、把他當箭靶。年幼的弟弟動輒得咎，常常不知所措、淚水在眼眶打轉。廖三利回想這段不容易的日子，既感傷也感動：「當家中最小的孩子被攻擊時，我看見我們一家四口的同心，非常團結地在守護和安慰弟弟。」哥哥也常在關鍵時刻跳出來擋在弟弟面前說：「阿嬤，您誤會他了！」

儘管如此，廖三利夫婦仍教導孩子要尊重長輩。他們常在風暴發生時，把弟弟帶離現場，耐心地讓他知道，阿嬤生病了，她的行為不是自己能夠控制的。並且一再向弟弟表明愛與支持，為他禱告，「當孩子知道我們挺他、同理他，他就比較可以 let it go 了。」

愛，往往能帶來奇蹟，「誰能料到，阿嬤離世的前兩年，最能安撫她的反而是弟弟。」有一天，雙腳虛弱又有失智狀況的阿嬤，拗著脾氣一定要出門買髮夾，兩兄弟一開始也乖乖地陪她出門，但因為買不到，阿嬤大發雷霆，鬧到社區總幹事都來關心，最後連個性溫和的哥哥也瀕臨抓狂。緊要關頭，反而是最年幼的弟弟，四兩撥千金用幾句話就讓阿嬤安靜下來，願意回家。

　　呂元虹感概地說：「我發現弟弟經過長期被阿嬤歷練，磨出一種厲害的能力，就是對態度凶惡、情緒失控的人，他都有辦法冷靜對話，並且弟弟對於那些受排擠、被欺壓的人，也有敏銳的觀察力跟同理心。」

　　阿嬤生前在他們家住了長達九年。**無形中讓他們學習到，有問題全家一起面對，不會單方面委屈大人或孩子，既然是一家人，就協力同心一起克服。**

　　「恩典是回頭看才明白的，這一段，是修復與醫治的過程。我們家人的關係因著阿嬤的入住，變得更加緊密。因為都處在同一空間，孩子好像更能看出我們的用心和陪伴。」因生活不易，練就孩子不亂買東西、不被名牌吸引的價值觀。

還有一個意外的恩典：哥哥高中會考的題目正巧是「青銀共居」。弟弟幽默地對哥哥說：「你真幸運，因為我們就是這樣長大的啊！」長期下來，阿嬤也有奇妙轉變，她從唯我獨尊、不會說好話，到常常說「謝謝」，前後改變非常多！「現在我們回頭想，對阿嬤的印象是好的、有趣的事，孩子甚至記不太清楚阿嬤的惡了。」

養成孩子「能為他人真心喝采」的好品格

父母對孩子正確的期待是：孩子要認真面對本份；錯誤的期待是：孩子要認真面對本份「而且」功課要好。廖三利是技職出生，呂元虹畢業於台大，兩人的求學路徑截然不同，但，對小孩的教育卻有一致的共同信念：**孩子一定要用負責任的態度完成他們的本業**。廖三利常自我提醒，孩子已經比當年的自己強上許多，潛力無窮，不要抹殺他們，他只叮嚀孩子一句話：「專心做好每一件事；如果不專心，什麼都做不好。」

成績不是廖家父母看重的，他們更重視過程。「哥哥對化學興趣缺缺、在課堂上睡覺，我聽了一把火，卻沒有直接修理下去，但是我跟他說，我在工作中也不是什麼部分都喜歡，既然課程有安排，就依然屬於他的本業，必須找時間將課補回來。」

哥哥是第一屆 108 課綱的學生，他面臨前所未有的挑戰，素養教育讓他所讀的「人文社會科學資優班」得去別的學校修文學、哲學、心理學等課程，尤其哲學讓他越讀越糊塗。」哥哥經常吶喊：「我為什麼學這個啊！」呂元虹曾因幫不上忙，為孩子的挫折心疼流淚：「說太多無疑是火上加油，我只有禱告，請上帝讓孩子明白這些學習的目的，並非把他們當白老鼠或在耍猴戲，而是素養教育必經的歷程。」

到了學期末，哥哥終於嘗到了學習的甜美果子，作文題目＜我在建中這一年＞讓他拿了高分。當時班上同學多寫懊悔文，他則是運用文學、哲學和心理學來剖析這一年，他告訴爸媽：「這樣想想，其實 108 課綱也有它的好處耶！」父母聽了很欣慰，知道孩子又過了一關。

廖三利夫妻雖然不是成績導向型的父母，卻也明白在台灣的學制底下不能不顧現實，必須用引發學習動機、動力和興趣的方式，取代填鴨的要求。**他們鼓勵孩子從小就在家庭禱告時間分享感受，多多表達，如果說得模糊籠統，就藉由問問題來引導他們講多一些、想深一點，後來也在學業中，跟孩子們一起探究為什麼要學這些科目？對未來有什麼幫助？**

「養成孩子多思考，讓他們自動自發擴充想瞭解的領域。」學習動能需要點燃，只知學卻不知為何而學的課業，只會船過水無痕，難以帶來真正的益處。

「我們觀察到這些金字塔頂端的菁英孩子們，考上建中後，就算很用功，進步的幅度可能不大；即便擺爛，成績也掉不了多少。在非常自由的校風裡，有時候反而讓孩子的讀書動機顯得模糊，找不到拚鬥的意義、深受挫折感折磨、難有明確的目標和方向可以火力全開、全力以赴。」不過，廖三利夫婦也發現，大兒子回家後常在分享中為比他優秀的同學喝采，他會去看對方的優點在哪裡，真心佩服也願意虛心學習，「我想，家庭氛圍很重要，塑造孩子重視關係、能懂得尊重和友愛，勝過爭競和比較，也祝福了他的人際關係。」

建立孩子好品格的重要性，不僅影響他們一生的觀點和視野，甚至為他們年輕的生命培養出一種寬廣的格局，麻雀屋長大的孩子，也能翱翔出如鷹展翅的遼闊天空。

獻瑩爸爸愛家心語

三明治世代
家庭幸福的秘訣

　　我們看見這個家庭面對不小的挑戰：有經濟的壓力，還有要照顧失智症長輩的壓力，是很典型的「三明治世代」的家庭，上有高堂要奉養，下有妻小要撫育，是很不容易的一種家庭型態。

　　並且，在這個家中，不只是經濟上的重擔，還有婆媳相處、祖孫對應的各種挑戰，這樣的家庭組合，三代同堂的關係張力，不只是青春期撞更年期，還有長輩因腦部病變引發的各種情緒浪潮。

　　稍微接觸過失智症家庭的人就知道，失智症患者可能出現各種生活上的失序現象，包括患者本身的記憶力衰退、認知功能發生障礙，因著疾病而出現許多非認知症狀，影響到同住家

人的正常作息，是需要極大的愛、包容和耐心去照顧的。有句話說，愛與責任是天使的一雙翅膀；但，對於夾在中間的廖家夫妻，顯然這是一雙極為沈重的翅膀。

但是，我們驚訝地發現，這個家的成員抓住一個關鍵重點，以至於他們可以飛越一切的風暴，活出三代同堂的相愛和樂，甚至陪伴長輩到最後一刻，沒有遺憾。那就是，他們懂得運用愛之語來對待彼此，他們不但會去觀察、了解對方的愛之語是什麼，也懂得運用對方的愛之語，作豐富的愛的存款。

當孩子裡面被愛得足夠，對爸爸媽媽的信任感也會比較充足；那麼，在爸爸媽媽給予教導、勸戒甚至管教的時候，孩子就會比較聽得進去，也吃得進去，願意照爸爸媽媽的話去作。這個家讓我們看見：愛的厚實基礎是很重要的。

每個父母都很樂意指導孩子，也都有各自的一套方法和知識資料庫，知道如何管教孩子，觀察孩子哪裡作對或做錯了，其實，作父母的都看得很清楚，重點是：我們要怎麼讓孩子聽得進、吃得下，而且還能心懷感恩地謝謝父母的教導，這個就

是教養的高段了。

我深信，每一位父母都很努力做好父母，也很認真看待父母親的角色跟職責，尋找各種方法，希望能成功教養兒女，作盡責的父母。然而，我們怎麼去創造出這樣的一種氛圍？這是最重要的。善加運用愛之語，您將會發現，愛之語能夠帶來的祝福以及在親子互動中帶出的力量，可以讓父母得到很多意想不到的幫助。

我們出版這本書，並不是要「教」父母怎麼去作，而是要找出那個根源，那個真正的內功心法是什麼？一起探討那個祕密鑰匙的關鍵是什麼？我們不是要「教」父母如何講道理給孩子聽，或是討論哪些教養技巧是有效的？而是，我們真誠地分享：當我們作父母的要求孩子往對的方向走，真正的重點還不在於說服孩子的能力，或是要教給孩子哪些方法？品格的核心就是愛，生命延續的根本也是出於愛！

當父母，能讓孩子充分感受到被愛、被了解、被認同，當他們願意敞開心，信任父母，當他們知道父母愛他們，只要親

子關係好，孩子們也很願意照著父母所說、所想的去作，孩子會願意跟父母一起合作，以至於孩子品格好、表現好、課業好、人際關係也好，這就是一種在親子關係的愛中「多贏」的美好果實。

教導孩子看重關係，

就是祝福他的人際發展，也培養寬闊格局

為了接阿嬤來就近照顧
廖家四人曾共用居住在一個房間

一家四口有著樂天的性格，
小小歡樂也能幸福滿溢

146

呂元虹（左下一）和家族親人一起用手勢比出「呂」字，留下難得的合照

⌃ 他們非常喜歡一起做計畫、一起旅行的快樂

日子雖辛苦，仍能因著相愛相守，讓幸福指數上升

⌃ 兄弟倆耍寶卻認真地把爸媽的鼓勵，
做成標記貼在牆上自勉

147

有家人同在的地方，就像天堂

單親媽媽如何面對高堅持度孩子，親子雙贏？

對孩子堅持要求自選道路，親子雙贏的關鍵是……？

在國中擔任資深輔導老師的王旭玉，最常提醒家長、也常給自己的提醒就是：「要試著接納孩子的想法，要多傾聽、多問問題，幫助孩子去思考，他們人生重要的議題是什麼？而不是直接給答案。」

身為第一線輔導老師，王旭玉看過許多孩子面對競爭壓力，長期身心緊繃，甚至有孩子因著同儕競爭跟考試成績，而得到憂鬱症的孩子也不在少數，因而想提醒家長；反觀自己的家庭，身為一個單親媽媽，先生在兒女幼齡時突然病逝，一個人帶養孩子的能力有限，無人能商量……等等。但，真的無人能商量嗎？孩子本身不就是一個商量的對象嗎？我們是否曾用「商量」的角度和孩子坐下來、談談話呢？

傾聽孩子，說來似乎簡單，做到卻不容易。身為單親家長的孤獨感，所有決定彷彿都蒙上了一層缺乏和不安的布幕，深怕有所耽誤、有所疏漏，柔弱的肩膀難以獨自扛起孩子人生成敗的重任。然而，就是如此，王旭玉發現，**要先勇敢地掀開布幕，看清楚細節、以多於情感的理智去檢視，並且，要用禱告交託，自然就有清晰道路展開，能讓孩子和自己都找到歸屬和喜樂**。

從一個驟然喪夫、孤單無助、以淚洗面的母親，到現在兒

子在專業道路找到人生奮鬥的志向，女兒不僅因體育專長贏得獎牌，也不畏艱辛選擇跨區就學，一舉考取北一女。王旭玉如何走過這一路的顛簸，成為幸福的媽媽？她又是如何用輔導老師的身份幫助許多學生和家長的成長路？

當一家四口變成三個人

和大部分小家庭一樣，個性很大器的王旭玉，原本過著恬靜的日子，平淡從容、甜甜蜜蜜，直到生命的風暴來襲。

老大四歲半、妹妹兩歲半那年，她的先生陳士平突然吃不下飯、經常打嗝，原以為吃藥就好了，沒想到就醫當天立刻被要求住院，一檢查就是胃癌末期。病情來得又急又兇，高劑量的化療讓先生腹水增生、疲憊不堪，甚至無法入睡，先生痛苦到想要放棄治療。王旭玉心裡還沒準備好，她哭求先生為了她們拚一拚，「我看見他非常痛苦，但我沒有辦法，我無法想像這個家沒有他……」為了妻子和兩個年幼孩子，先生答應繼續努力。

當時，教會的牧師來探望先生，溫柔尊重地問王旭玉：「妳願意把先生當成初熟的果子，奉獻給上帝嗎？」初熟的果子在聖經中代表生命當中最好的。王旭玉知道這是在問：她願不願意將

她的先生是生是死的主權交回給上帝？王旭玉思考了一下，含悲忍痛回答：「願意。」不多久醫院就發出病危通知。「我輕輕在先生耳畔說：是上帝要來接你走了嗎？是的話，你放心，我跟兩個孩子會平平安安地生活下去，你安心跟著上帝去吧，教會的弟兄姊妹也會照顧我們的。」只見先生虛弱的雙眼緩緩闔上，指數下掉，離開了。

從進醫院到離世，僅只短短兩個半月，面對生離死別的巨慟，王旭玉彷彿也有一塊跟著先生死去，她的時鐘停擺，「我整個人失去功能，逕自沉浸在悲傷和自憐裡，什麼都沒辦法做。」

娘家媽媽默默地離開老家，帶著一卡皮箱搬進王旭玉家，照顧母子三人的起居長達一年。「回想起來，其實我爸爸的日常起居都很需要我媽；但是為了我，爸媽全力支持、陪我熬過最困難的時期。」有媽媽幫忙照顧兩個孩子，王旭玉才能在育嬰留職停薪假和喪假結束後回校上班，直到生活重建新的軌道。

父親過世，促成兩個幼齡孩子的早熟和堅強

王旭玉一直擔心，和爸爸關係很好的大兒子承受不了失去爸爸的痛苦。先生過逝的那天，午後，王旭玉滿身疲憊回到家，正

好見到臨時褓姆帶兒子在騎小腳踏車。王旭玉心中一慟，隨即想到這件事遲早要面對，孩子也有權利知道爸爸的事。她彎下身，輕聲跟兒子說：「爸爸被上帝接走了哦！」沒想到，才4歲半的兒子竟然說：「那不是很好嗎？這樣爸爸就不會再痛痛了啊。」

王旭玉瞬間淚崩，悲痛的心因著孩子純真貼心的回應，得到很大安慰。她決定不再沉溺悲愴，開始單純地相信：「聖經的話就是上帝的應允。」她也告訴自己，丈夫過世讓兩個孩子提前早熟，為了孩子們，她必須打起精神好好活下去。「我常想，上帝說祂是天父，要成為我們在地上的父親，照顧我們、給我們依靠，我願將孩子的一切都禱告交託給祂，相信孩子有最強的天父在照顧，這給我莫大力量。」

不只是信念上，在生活大小事上，「要讓我們跟孩子之間有上帝。」這是旭玉單親教養的最大秘訣：一個沒有父親的家更需要上帝的保護和引導，上帝就是他們的父親，禱告就是與父親對話。「我常跟孩子說，遇到事情我們就來禱告，雖然媽媽也不知道怎麼做是最好的，但上帝一定會引導」

「不要把孩子當作我們的上帝，也不要讓我們去做孩子的上帝。」這是王旭玉的教養觀念，父母跟孩子是不同個體，必須保

有健康的空間和尊重，若秉持著「絕對服從」或「絕對擁有」的心態，那麼這條親子教養路，孩子跟父母親都會走得很辛苦。

懷胎十個月，從自己的肚子裡面蹦出來，做母親的不免有一種「孩子是我生的，我把他帶來世上，我有責任管教」的意識。然而，王旭玉在教會上過「初為人父母」的課程之後，學到最重要的精華是：孩子不是父母的財產和所有物，而是上帝賞賜的祝福，上帝才是創造者，父母只是受託管的人。

也因此，王旭玉在孩子每個階段都會禱告求問上帝：什麼才是祢為孩子開的路？禱告後清楚，如果上帝帶領又開路，並且孩子的心也持續存有這樣的渴望，就算跟她想的不一樣，她也不該阻止。「反而我應該要當上帝跟孩子的協力者，要思考的是，如何按照上帝的創造去發展孩子的潛質、給予孩子支持的力量？」

王旭玉真實體會到：上帝良善，從開天闢地之初，用心創造父母與孩子的角色，從來不是要兩方在互相挾制、委屈遷就中彼此銷磨，以致歲月流逝後只剩渾身是傷、長滿尖刺的青年人，和充滿無奈、悔不當初的年邁父母。上帝對於親子的祝福，在於親子互相成就、給力扶持，兩方皆由上帝負責照顧，享受彼此陪伴的關係。

如此，兒女能夠獲得從家庭來的關愛和滋養，在支持和肯定中長大；家長也能體會幫上帝代養兒女的輕鬆，還能享有被孩子倚靠、信任和尊敬的成就感。

家長如何協助青少年 建立健全的自我形象？

女兒在國中時期曾經面對一個龐大壓力。當時她們的班導師雖然認真又勤奮，但班上秩序常常嘈雜混亂。王旭玉總是先傾聽女兒的感受跟表達同理，然後才對女兒說：「記得分班前，我們就跟上帝禱告過嗎？所以，這位導師是禱告來的。雖然不知道上帝為什麼這樣分配，但祂不會弄錯，一定有可以培養和幫助妳的原因，我們也可以一起為班上禱告。」後來王旭玉發現，妹妹在這個班上鍛鍊出「不受環境影響」的專注能力，就算班上再吵，她還是能靜心唸書，這對她日後考取北一女有很大幫助。

有個就讀北一女的妹妹，哥哥看起來比媽媽還開心，很以妹妹為榮。「或許是因為**我平常就很注意建立手足的關係**。」王旭玉常常會在兄妹之間說彼此的好話，例如：「妹妹很愛你喔，願意花時間和力氣幫你買東西。」「哥哥一定是很喜歡妳，才會想要一直找妳說話呀！」把愛挑明地說出來，變成具體言語後，不僅孩子能接收到，有時更能提供他們另一個角度，看彼此越來越欣賞，感情也越來越融洽。

華人家庭不常稱讚孩子的外貌，因為不希望孩子被養成驕傲的性格，或是自我膨脹了，反而常對孩子說：「你這樣不好看啦！」可是，青少年的外貌往往是自信的重要環節，覺得自己不漂亮、不好看的青少年，容易感到自我價值低落。倘若青少年只能以媒體評定的美和帥當標準，那麼幾乎沒有幾個人可以達標。這樣的情況，會導致大部分的孩子幾乎沒有被欣賞、稱讚過他們外表的經驗，因而不夠接納欣賞自己，一心渴望追隨螢幕上光鮮亮麗的偶像形象，卻忽略了自己本身的獨特。

自我價值會影響人際關係，在青少年心中，尤其有著變幻莫測、捉摸不清的特質，讓人又愛又怕，這是很多父母親自己也都有過的經驗。我們忍不住會藉著同儕一雙雙眼睛、一道道眼光雕塑著「我是誰」，一語築高牆，又能一笑解千愁，可說是一個動盪且奇妙的階段。我們的孩子也是一樣，在這個階段，很需要父母更多的陪伴、肯定和理解，成為**飄忽世界中，一伸手就能穩穩抓住的安定。**

王旭玉在教會上過吳焜梁、葉美足牧師夫婦的親職課程，她接受到這個觀念的重要性。從孩子小時候起，就經常對孩子說：「妳知道妳很美麗嗎？」「你知道你很帥氣嗎？」王旭玉強調：「尤其是美麗，很少女生會聽見『美麗』的稱讚，但你知道嗎？每個

女孩都很需要。」被如此稱讚的一開始，孩子會顯得尷尬：「因為妳是媽媽，所以才會這樣說。」

不過，久而久之，**讚美的話語會在孩子的心中神奇地萌芽，為他們建立起健康的自信心。**

不僅受教導，也受到溫暖的照顧。在王旭玉的先生過世後的幾年之中，每逢忌日，吳焜梁牧師夫婦總會為她們家舉行家庭追思禮拜會，帶著孩子們一起懷念爸爸。王旭玉滿心感動地回想：「焜梁哥美足姐會帶領大家，輪流說出對我們家爸爸的印象，分享他是怎麼樣的一位朋友／丈夫／父親？讓大家說出對他的思念。這個細節好重要，卻不是大家都知道的作法。」這讓失去爸爸的孩子可以一再確認「我是有爸爸的孩子」、「爸爸很愛我們」，而且「爸爸是很好的人，大家跟我們一樣懷念他。」

喪親的孩子內心有一處失落的鬆土，栽植了自我價值和安全感的芽苗，因著追思會一年又一年的澆灌和鞏固，漸漸地被愛與感恩填實了。

面對孩子想法不同，學習當個不焦慮的媽媽

女兒現在已是北一女高二的學生，除了面對吃重的課業，她

還出任吉他社社長，不論是準備表演、帶領學妹、運作社團……都身負重任，需要親力親為，作媽媽的不可能不擔心。旭玉說得坦白：「尤其吉他社需要額外花時間大量練習，活動也很多。」然而，王旭玉很清楚知道，面對青少年，越擔心越要聽他們怎麼說，就像她常鼓勵家長：「一定要談話，才會知道孩子怎麼想。」

高一時，女兒曾經問媽媽：「如果我考上吉他社的幹部，妳會支持我嗎？」「妳想當幹部嗎？」「我想。」「妳想當什麼幹部？」「我想當社長。」「什麼？當社長很累耶，妳確定嗎？」

對話的重點來了，女兒回覆：「媽媽，雖然妳看我練社團，會覺得很忙、很累，但這些對我來說，其實是一種紓壓。」王旭玉恍然大悟，原來，忙和累是從家長自己的角度去看，如果因此阻止孩子，反而會讓孩子在苦讀生涯中，失去紓壓和調節心情的實際管道。

課業雖重要，卻不該是青春期的全部。如同金錢，當時間中有「需要」和「想要」的不同區塊，孩子才會有機會去練習管理時間。女兒會因為活動多、要讀的書也還是那麼多，延後了睡覺時間，即使看到這樣的狀況，王旭玉決定：「我不要當一個焦慮的媽媽，不要用『怎麼還不去睡？』去嘮叨孩子，我相信她有自

律的能力,我就去睡我的,放手讓她處理。」況且,「社團表演不是常態,事後總會歸於平靜,作息回歸正常,父母也必須看見這一點,不用太執著。」

有些媽媽可能會說:「我的孩子體質不好,不能熬夜啊!」的確,母親一定會擔心孩子的健康,「不過,嘮叨通常達不到效果,孩子也會感受到媽媽給壓力。可以的話,表達關心,然後禱告,相信上帝會親自提醒、保護孩子。」放手需要練習,父母要懂得先安穩自己的心。雖然王旭玉覺得練吉他的時間不如拿來補眠,但時間是女兒的,既然她有不同的選擇,「我這個做媽媽的就是要支持、看顧她,讓她有體力完成應該做以及喜歡做的事。」

因此,王旭玉趁著這學期沒有接任導師,時間比較彈性,刻意儘量接送女兒上課。「課堂很早、吉他很重,我想幫她節省一些體力。」此外,王旭玉會在早上多準備一份水果,讓女兒晚自習覺得餓的時候可以吃,「這是愛之語中的服務。」依據身為輔導老師的王旭玉觀察,**青春期的孩子對服務的行動特別有感:「因為國高中的升學壓力特別重,也格外疲憊。」家長準備水果、接送等服務,對孩子來說是具體的關愛標誌,可以一幕幕映入眼簾,扎實收進愛的存款。**

　　青春期孩子的坦承並非理所當然，而是平日對父母觀察的累積，尤其孩子的心還在成長，正處理著許多矛盾和複雜的情緒，愛的存款到一定程度時，孩子會明白父母是支持他、挺他們的，王旭玉的經驗分享是：「平時孩子不會提，但當他們面臨重大選擇的時候，就會想聽聽父母的意見，想和父母談談。」

　　「這時，若孩子不想講，就不要勉強他、硬要他講，這會讓孩子很不舒服。」王旭玉在輔導室看過太多強硬又著急的父母，以及無言無語、表情茫然的孩子。「父母如果真的很想說，就寫張小紙條表達關心，讓孩子可以看到、記得父母對自己的愛，到了關鍵時刻，孩子就會主動開啟話題。」

　　等待裡有愛，越急、越大、越是重要的事，父母越要沉得住氣；急上加急，更易出錯，「急事要緩辦」，先禱告問上帝有沒有更好的處理方式？何時處理？怎麼開頭才能維護關係？都需要思考。

「我家的乖孩子，怎麼突然變成這樣？」

　　三年來，王旭玉轉任班級導師，讓她對親子教育有了更深一層認識。常聽見家長來訴苦：「不知道我兒子怎麼突然變成這樣？我們又不是不正常的家庭，變成那副德性，到底是跟誰學的！」眼前的家長驚嚇無助，但父母親對自家孩子的身心變化真的一無

所知嗎？旭玉曾協助這樣一個家庭，一位被孩子氣到哭的媽媽跑來找王旭玉，因為兒子在校園內公然摟抱、親吻女友遭到校方警告，那位媽媽認為兒子一定是被女生帶壞的。「當時我好想跟那位媽媽說，沒有人可以帶壞妳的兒子，除非是妳兒子願意被帶壞，還是多多關注孩子的變化和內心需要吧！」

多年觀察下來，王旭玉發現：「家長常以『突然、怎麼會這樣』的莫名和慌張去面對孩子發生的情況，但這些情況絕對不是突然出現的，孩子的行為狀態一定有跡可循，只是我們**如果沒有去察覺，沒有常常和他聊天、談話、了解他的價值觀、交友觀，當然就不會知道他怎麼會變成這樣。一旦父母無法給他建議和支援，自然而然就變成媒體、身邊的朋友在影響他了。**」國中時期是個半大不小的階段，外表看起來像大人，但看不見的內心，其實還在建構中，既敏感又脆弱，可能比國小生還需要父母的陪伴。

媒體常說，現代孩子很幸福，選擇很多、路很多元，可是仔細觀察，翻出數字，發現孩子憂鬱的比例逐年升高、擁有特殊狀況的學生不減反增，那麼，他們確實幸福嗎？他們是擁有了機會，還是被機會吞噬？當機會看似很多，卻沒有正確可倚靠的核心價值為根基的時候，內心反而更慌張和無所適從。尤其是兩性的關係，「媒體的影響太巨大了，就算還不到戀愛的年紀，也容

易被各種資訊，勾起對愛情的憧憬和渴望，很嚮往，卻又不確定這是不是愛？想告白，卻又不知道如果被拒絕怎麼辦？就算在一起了，不久之後又喜歡上了下一個對象怎麼辦？媒體對愛情直白卻單一的敘述，無形中帶給心智尚未成熟、還不懂得分辨的孩子，很大的壓力。」

「他們才不想跟我們聊耶！」有些父母苦無方法，王旭玉建議可以從心得分享：一部電影、一本書、一則新聞事件、一件衣服都可以聊。**除了看法之外，不帶評論的問問孩子的「感受」，感受連於內心，最直接能知道孩子的狀態。**如果孩子真的很難對父母開口，還是要想辦法替孩子找資源，製造機會，可能對象是人、課程、旅行，甚至學校的輔導老師都可以成為父母的支援系統，「如果你放棄了，你的孩子很可能就被放棄了。」

還是會有「毛很多」、很難梳理的孩子，「我也會跟女兒抱怨，班上學生皮起來的時候，我也好難愛他們。」但是耶穌愛好人也愛壞人，沒有因為悖逆就不給幫助和恩典，王旭玉因此想辦法愛他們、了解他們，後來她找到一個妙招：「我會寫卡片或紙條，偷偷放在他們的鉛筆盒中或者桌上。」面對面談話，雙方容易預設立場，激起防備心，很難跨越障礙，對此，「**手寫文字是一種很特別的媒介，不同途徑的資訊能跨越舊有的防備**，讀字的

時候，可以安靜孩子的心，使理解和吸收的機制啟動，而不是一竿子打翻所有的內容。」

然而，「**使用文字的方式要斟酌，盡量表達愛和鼓勵，一定要有稱讚**，例如，從小到大，我看見你的優點是……；我很欣賞你的哪幾點，但最近因為什麼事情，讓我常想我們之間到底怎麼了？我有點不認識你了，是不是我錯怪了你？你所做的……事情上我感到傷心，但即便如此，你依然是我心愛的孩子，我很肯定你，我想更了解你，我很開心你成為我的孩子。」

父母跟青少年之間能夠「有效對話」，關鍵在於？

有效對話的關鍵還是關係，而關係的建立，並非從青少年才開始，「孩子六歲之前是建立對外感受的關鍵期，照顧者有愛，能讓孩子建立對外在世界與人的信任感和正面解讀；反之亦然，孩子對外界的解讀，會偏向負面和防衛。」教養與成長的時間軸存在著防範未然的關係，需要父母多加思考。

「教導孩子真的要有很多的自覺，即便我是資深輔導老師，教導自己的孩子不免還是有許多盲點，甚至也會跟孩子吵架到如同石磨心。」王旭玉分析，因為先生不在了，家庭關係中缺少有

能力緩煩的第三方，「教養過程衝擊力道太大，或是生活壓力過大的時候，我也會要暫時離開家一下下。」這時候，旭玉會躲在車上發呆或大哭。

「有時候女兒會陪在我身邊，她不知道怎麼安慰我，只能幫我遞衛生紙。」王旭玉說，女兒從小就很貼心，對人的情緒敏銳，「但是，先生早逝，很多事我不一定能跟外人說，可能一不小心就把女兒當作『情緒配偶』。因此，我常跟女兒說，如果媽媽說太多，讓妳不舒服或負擔過重，一定要告訴媽媽。」傳統父母與現代父母差別很大，以前是不分享心情，現在則可能對孩子一下倒太多，過猶不及，需要覺察和智慧。

旁觀者清，當局者迷，王旭玉開始學習連結教會資源，當孩子聽不進她的話或不願意溝通的時候，王旭玉會請孩子們熟悉的其他夫婦來關心，帶孩子出門去玩他們喜歡的遊戲或活動，跟他們聊聊天，幫助孩子抒發情緒。也讓自己有喘息的空間和時間，也順便藉著自處梳理心緒和想法。

「**當父母的一定會有盲點或看不清事實真相的時候，所以『求助』很重要**」，什麼問題都要自己解決，對家長和孩子都不見得是

好事。」懂得彼此體諒和願意學習，只要父母願意，孩子的心很大比例會是向著父母的。有一段時間，孩子們會問王旭玉：「為什麼大家一直找我們吃飯？」王旭玉微笑以答：「因為大家很愛你們啊！」

如今，一雙兒女越來越發成熟、懂事、貼心。兒子常主動邀媽媽和妹妹一起吃飯、一起聊天、一起禱告。去年，孩子在媽媽生日時偷偷拿出存了多年的壓歲錢，買了一支拍照功能很棒的手機給她，因為王旭玉很喜歡幫班上的學生拍照，留下珍貴紀錄。

雖然，王旭玉的家從一家四口變成三個人；但是，當他們同心走過低谷，也能夠一起邁向山頂，一同看見更遼闊的光景。生命的路，也就越來越寬敞迷人。

獻瑩爸爸愛家心語

稱 讚
能建立自信心與價值感

　　一位單親媽媽或單親爸爸，面對的最大挑戰是什麼？是經濟壓力？是養育責任？是體力挑戰？還是時間分配？

　　就我看來以上都是單親家長會面對的問題；然而，其中最容易被忽略的，就是單親媽媽和單親爸爸的情緒壓力。

　　我們看到這個家的媽媽很辛苦，她帶著兩個稚齡兒女，遇到任何景況沒有先生可以商量，並且兩個孩子在成長過程選擇的是台灣社會並不是很多人會去走的路：大兒子往一條不容易的專業之路發展，體育專長的女兒自願跨區去讀明星學校在高壓中競爭衝刺……這位年輕媽媽雖然身為國中輔導老師，經常

與年輕孩子對話；但是，面對自己的孩子，孩子做出的每一個抉擇對於單親的她可想而見是非常煎熬的。

旭玉媽媽的先生在短短時間就生病去世，當時她的大兒子才4歲半，女兒才2歲半，這一點令我有很深的感觸。我爸爸也是在我4歲時因病過世，在很短時間內，我的媽媽年紀輕輕就守寡，要扛下紙類加工廠的重任，還要撫養我們三個小小孩，箇中的艱難辛酸、各種生活的壓力是外人難以想像的。

我看見旭玉這位單親年輕媽媽，她得以熬過各種艱難挑戰，有一個很重要的根基就是，她沒有把孩子當上帝。很多單親家庭中，媽媽將她的人生奉獻給孩子，無怨無悔，但也常會將孩子當成她們唯一的寄託和希望，這是無可厚非也是可以同理的。然而，這個家的媽媽並沒有把孩子當成她的上帝，也沒有把自己當成孩子的上帝，這讓她的壓力減少很多。

事實上，無論單親或雙親，我們作父母的要當孩子最好的「成長夥伴」，有時候要當他們的教練，鍛鍊、造就、幫助他

們成長，但是我們不能代替孩子下場打球，也不能一直出手替他們解決問題，這樣會讓親子雙方都很辛苦。所以我們看見，旭玉這位媽媽的心態是很好的，就是她先接納孩子跟她是不一樣的個體，有著不一樣的差異，未來孩子們也會有不一樣的路，因此她很清楚知道，孩子不會完全照著她所期望的，或是照著她的規劃和想要的路去發展。

她只要陪在旁邊，成為孩子最好的成長夥伴和教練去幫助他們，她對孩子的愛，不是帝國主義式的愛、高壓式的愛或是強制灌注的愛，這樣的愛讓孩子們不會承受太大壓力，家長也不至於感到挫折，這是很重要的。

我們也看見，信仰對這個家起了很大的安定作用，讓這位媽媽還有她的孩子們，在面對各種比賽或困難、挑戰的時刻，他們的心是安定的。很多時候，不是父母不願意對孩子表達愛，知道的愛之語也用不出來，為什麼？因為當我們作父母的自己的狀態不好的時候，單親媽媽 / 爸爸很常面對的是：當他們的體力耗盡、或是疲倦孤單的時刻，就不容易去對孩子付出愛。

另外，我們在這個媽媽身上也學到很有智慧的一個作法，就是經常讚美肯定她的孩子。因為對孩子來講，父親的肯定是非常非常重要的，很多孩子的自信心是建立在父親對他的肯定。這個家的媽媽因為爸爸不在了，她刻意地注意，經常給孩子們實質的稱讚、鼓勵跟肯定，去補足爸爸不在的缺憾。

　　她讚美女兒妳好漂亮，或是讚賞她的兒子很有毅力等等，這些對於青春期的孩子更是重要，她用欣賞肯定的愛，去填滿孩子們的愛之槽，讓孩子建立自信心與價值感，這是很有智慧，也是很關鍵的愛之語的表達。可想而知，這樣的孩子未來在各自的路上，都能勇於承受壓力、面對挑戰，無論是輸是贏，他們都會深刻感受媽媽／爸爸的愛、接納與支持。

王旭玉的女兒在武術和功課都力爭上游、表現優異。

喜歡吉他的女兒（右三）跟著朋友們在義賣活動中展現才藝。

王旭玉非常感謝她的父母親（前排右一及右二）跟家人給予她們全心全力的愛和支持

王旭玉支持孩子（右）參與在各類公益活動中，圖為女兒跟著教會到嘉基醫院關懷病患。

王旭玉跟兒女很珍惜一起旅行的時光。

一家四口美好燦爛的笑容，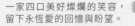
留下永恆愛的回憶與盼望。

性格閒逸的獨生女，如何被教養成獨闖以色列一個月的國際志工？

為獨生子女養成感謝讚美的家庭文化

經營印刷生意的廖志堅和林丹鳳夫婦，育有一個人見人愛、親切隨和的獨生女廖詠新。在教養的過程中，因著母女個性差異，曾引發不少衝突，這家人如何化解衝突繼續相愛？如何戰勝獨生子女的教養挑戰，讓孩子發展出正確的自我認同，又懂得感恩和幫助別人？如何使一個小時候紀律閒散的孩子，一舉考上政大外交系還雙主修法律系，還能挑戰一個人去以色列一個月當國際志工？來看看廖志堅夫妻的教養心得。

一家三口的愛之語大不相同，
連睡前刷牙都能引發衝突！怎麼解？

夫妻的愛之語一定要相似才會幸福嗎？廖家的情況可能跌破很多人的眼鏡。丈夫廖志堅在愛之語的「擁抱」項目高達 10 分，太太林丹鳳的擁抱需求竟是罕見的 0 分，她笑著說：「但是，為了愛他，我會刻意地去擁抱先生，滿足他的需要。」而廖志堅也會為了太太，努力付出實際的「服務」，讓太太感到被重視，結婚多年，依舊相愛。原來，**家人之間愛與被愛的秘訣在於：不是先要求對方改變需求來符合自己，而是要先用對方的愛之語，也就是對方能接收到愛的方式來對待。當夫妻雙方努力為彼此付出時，能讓彼此獲得滿足和能量，就是因為大不相同，才更顯出那份真心。**

夫妻可以互補，那親子呢？人說團隊裡要有不一樣的角色能力，各司其職，才會完滿而強韌。家庭是社會中最小也是最基本的團隊，在華人的家庭文化中，孩子的天生性格若是與爸媽大不同，可能會揹著無形箭靶，常被「說教箭」擊中，讓孩子信心全失，也影響親子關係。

　　對此，廖家媽媽林丹鳳有很深的感觸和省思。

　　「我跟女兒的個性是天壤之別。我們家曾經做過 DISC 測驗（一種人格特質測驗），我是分析型的 C，詠新則是支配型的 D 跟影響型的 I。」當凡事講究事先規劃與安排、縝密與精準的媽媽，遇到熱愛挑戰、隨遇而安又很有自己想法的女兒，連「睡覺時間」都成為衝突的引爆點。林丹鳳認為，「十點睡覺的概念應該要是九點開始睡前動作，洗澡、刷牙、洗臉等等，十點鐘整，就該在床上躺平了。」不過，女兒的認知不同，十點睡覺對詠新而言比較像「十點開始進行洗澡、刷牙等睡前準備」。現在林丹鳳知道，原因在於母女兩人個性不同，對事情的輕重緩急和優先順序不一樣，並沒有好壞優劣的區別。然而，當年確實常為了女兒沒有辦法按著「媽媽心中的錶」來進行，感到焦慮、引發爭執。這個時候，屬於穩健的 S 型、最有耐心和善於傾聽、天生追求和諧的爸爸廖志堅，順理成章成了愛妻和愛女之間的和事佬。

個性完全不同，可以當好一家人嗎？

林丹鳳笑著說：「先生常提醒我，她還是孩子呀！想想也對，當時她不過才國中，怎麼可能為自己訂定目標、凡事精準呢？」這個時代營養好，很多孩子長得比實際年齡還要高、還要成熟，父母也常有一種錯覺：她長大了，已經足夠做出明智的決定了。實際上，青少年的心思意念與人生閱歷，比父母少了好幾十年，怎麼可能嘴巴唸唸、動動怒氣，就能讓孩子補上這遙遠的心智差距呢？

另方面，惹女兒生氣的林丹鳳也常感到愧疚，心中的小魔鬼會嚴厲地數落自己：「不是個好媽媽！」直到接受教會的教導才懂得釋懷，「世界上除了耶穌之外，沒有人是完美的，我得先承認自己不完美，接納自己不是完美的媽媽，才能不害怕女兒對我的負面情緒，也才能軟下身段，在虧欠之處向孩子道歉。」

別輕忽父母的道歉，對孩子帶有深刻醫治的效果，不僅能軟化孩子的心，去反省自己是否也有不妥的地方，更有甚者，孩子能從中看見父母的勇敢與謙卑。生命影響生命，有一天，孩子也會存有謙卑的品格。

女兒詠新有寫卡片的習慣，國中時有一張送給媽媽的卡片中是在一張紙上塗抹了兩種極端對比的顏色，比喻著母親和自己的差異，但在中間畫上耶穌的寶血，「我看了真的覺得幸好我們家，有神的愛在我們中間，女兒和我的關係才能依然這麼美好！」林丹鳳發現，一直糾結於母女之間的差異，非但不能改變什麼，也磨不亮屬於女兒最獨特的那一面。

女兒 19 歲那年，向父母提出要獨自去以色列當志工的規劃時，夫妻倆都很緊張，深怕個性怡然自得的女兒會趕不上火車時間，或無法適應異地的生活節奏，不過也在很多的禱告中，明白神的心意，學習放手，「孩子會長大，有自己的理想，做父母的只是上帝派給孩子的管家，我們必須認知孩子已經長大獨立，應該學習放手，並持續在禱告中為她守望」，廖志堅與林丹鳳就在上帝的應許裡，讓心肝寶貝女兒，在寒冬中一個人出發踏上以色列的偏遠鄉鎮，經歷一場上帝的冬令營。

獨生子女的護心鏡

廖志堅和林丹鳳就這麼一個女兒，除了把她捧在手心中，也很用心的帶養她長大，運用許多環境，希望補足身為獨生女的侷限。其實，只要方法得宜，打造適當環境，不用擔心獨生的孩子

會有缺乏，因為即便家中只有一個孩子，在上帝的國度裡都有許多兄弟姊妹，一點也不孤單。

獨生子女最容易讓人擔心的就是自我膨脹，在爸媽的溺愛中徜徉，以為全世界都應該如此寵待自己。「不過我們女兒還滿知足的，從前以為是她天生個性的關係，後來才知道，原來每天睡前的『祝福感恩禱告』有著很巨大的影響力」，廖志堅夫婦從女兒小時候開始，每天睡前都會來到女兒的床邊，和她一起數算今天感恩的事情，並且為此獻上感謝，「如果有時間就可以聊多一點，但最少會花五分鐘的時間，感謝今天上帝賜給我的們恩典。」

孩子長大後跟廖志堅夫婦分享，每天睡前這段分享感恩的時光，對她很重要，也從父母的分享中知道爸媽在想哪些事情，其實很恩典。尤其國高中時，身邊同學常常散發抱怨氣息，容易對這個批評、對那個也批評，大家似乎都不太開心，女兒說：「但因為常練習感恩，我發現很多事情都不是理所當然的，所以我能夠因為小小的事，就感到快樂。」

父母是孩子最親密的思緒教練，思緒有如肌肉，哪一種思緒用得多、訓練得多，就會變得比較強壯；如果希望孩子的感恩思緒發達，不妨從今天開始，帶著孩子分享感恩的事情吧！

廖家女兒也因此懂得回饋父母，「她會送我們自己做的支票，上面寫著按摩、做早餐等等的服務，讓我們有需要的時候兌現。」她也會寫卡片、做影片，訴說對爸媽滿滿的愛，讓廖志堅夫婦感到窩心，知道女兒是愛他們的。現在女兒讀大學，平時住校，同學說每次看她周末時最期待的就是「回家」，就知道這個家，充滿了吸引力、充滿了愛，「女兒常帶中南部的同學來我們家過夜，除了讓她們在異地感受家的溫暖，我們也因此認識她的朋友，瞭解孩子的同儕和環境。」

廖志堅夫婦認為，獨生子女的環境設置是一門學問，「畢竟父母與孩子年齡差距大，孩子也不會什麼事都跟你討論，必須為孩子找到安全且有機會成長的環境，教會就是一個支援和資源都很豐富、安全的環境。」廖志堅夫婦曾經開放家裡當作教會小組聚會的場地，當大家來聚會之前，林丹鳳會跟女兒溝通今天的分工，「像是為客人拿拖鞋、倒開水、擦桌子等等，一周一次的接待訓練，多讓孩子參與其中，學習同理和服務。」不僅如此，**女兒在國小時，偶而也會和小組成員的孩子發生衝突，「這時就是最好的機會教育！怎麼處理情緒？對方在想什麼？生氣了怎麼禱告？這些情況都比課本的敘述真實，」**林丹鳳認真地為獨生女兒把握這些得來不易的人際關係相處經驗，藉此擴張孩子的關係視野和交際心智。

此外，在教會的團契生活之中，即便是獨生子女也能與同齡的一群朋友每周見面、在各種問題上互相討論，彼此了解，更會在各自的需要上互相代禱，因此建立出深刻且持續的友誼，「這是一般人的生活中很難享有的親密關係，我們女兒也在團契中結交到很好的朋友，看著她們一起成長、分享生命、情緒有出口，心情不孤單。」

為價值觀好好「打底」很重要

人說青少年時期，是一個人在建立自我價值、存在意義的關鍵階段，但其實「打底」必須更早。準確地說，青少年時期顯露的自我認知，是蒐集過去的經歷再轉換的結果，這個階段已經不是「過程」，反而更像「結果」，若是這個時期才去翻轉或介入，父母必須花加倍的力氣。「我們跟女兒之間有個密語，我們會問：『妳是誰的寶貝？』她會回答：『我是耶穌和爸爸媽媽的寶貝！』」林丹鳳說這樣的身分認同讓女兒一直很有安全感，爸媽的愛也許會有瑕疵，但耶穌的愛不離不棄，也從不失敗。

個人的價值感，其實是家庭價值感的延伸。廖志堅說，太太很尊重他，不會在外人面前數落先生的不是，也不會在外面責罵孩子，有助於建立家庭價值感的氛圍，夫妻間互相尊重，相對也

比較會尊重孩子，「每個人都有不完美的地方，當父母的儘量不要太囉嗦，讓孩子能在輕鬆的、愛的氛圍中長大，自我價值感自然會提升。」

爸爸廖志堅常會肯定女兒：「我以妳為榮。」但不是稱讚「結果」，而是稱讚「品格」，**「因為稱讚孩子考一百分，她就會在乎那一百分的結果；但若稱讚她讀書認真、沒有分心，那她就會知道做事認真和專注是值得肯定的。」**另外，在讚美中也會不厭其煩地讓孩子知道，才能是「上帝賜予的」，不是「自己的」，因此沒有什麼好驕傲，只有感謝再感謝。如此一來，即使父母不在身邊時，孩子也不容易過度貶低自我，也不會無限膨脹自己，品格上能取得很好的平衡。

青少年的心智尚不穩定，容易受到環境中的各種訊息影響。林丹鳳對此特別提出閱讀這件事，「女兒很喜歡閱讀，不過我發現，現在的書籍內容並不那麼適合青少年，尤其一些小說，對於自殺的情節、抑鬱的心境、愛情欲望等等，有很細節的描述，對孩子很有感染力。」**不加掩飾的小說文字，有一股隱形的力量，很可能變成一把把鑰匙，在父母沒有守護到的地方，為青少年打開一扇扇還不適合進入的門。**「就算我很注意孩子閱讀的書籍，但是防不慎防，我們不可能先看完孩子所有想看的書，因此，我

會特別女兒挑選書籍禱告，求上帝看守、擋住那些不好的字句、情節、畫面，使其不會影響孩子的心靈。」

　　潔淨禱告的好效果，不僅在閱讀選書上，在關係上也適用。廖志堅與林丹鳳一致認為男女合校的教育環境比較自然健康，當然這也容易遇到男女議題。這時，除了告訴孩子珍惜自己的身體之外，也教導女兒遇到男女或人際問題的時候，用禱告來潔淨自己混亂複雜的情緒，支取上帝的智慧，做最適合的應對。教導、信任、放手、禱告，是廖志堅夫婦教養守則的關鍵四訣，相信上帝一定會保護祂的寶貝女兒。

關注外顯行為只是一般父母
關注內在動力才是高手父母

　　女兒小時候，廖志堅夫婦會擔心女兒的時間管理、生活作息，不過有趣的是，「我和太太學歷有限，也不認為成績特別重要，但女兒讀書方面很自律，從不用我們操心，她考上政治大學後還自己選擇雙主修法律系和外交系，很有學習動力。」廖志堅坦言，雖然從小到大全家都生活在一起，當女兒選填志願以法律、外交為主時，夫婦倆還嚇了一跳，「哇，原來她喜歡這類科系啊！因為詠新高中唸語文資優班，我們以為她會填語文、教育相關的科系，想想，我好像也沒有真的很認識她。」

　　的確，父母們容易用自己以往的學經歷來判斷孩子的喜好與未來，因此引發一種偏誤，以為自己一路看孩子長大，一定最懂孩子。然而，我們看見的其實往往是他們外在的行為，卻忽略去深入分析和探究行為背後的內在動力與熱情。以廖志堅的女兒為例，雖然她的語文表現一直很突出，然而對她來說，語言也許並非興趣所在，而是一種可以達成理想的工具，這一路上都在磨亮工具，以致在升大學的激烈競爭中，可以脫穎而出，選擇真正能符合她心志的法政類科系。在某一領域有優秀表現，分析出來的成因有無數種，父母卻常犯了以偏概全、簡化歸因的毛病。試想了解自己，需要花很多時間探索、歷經各種心理運作與反應的結果，做父母的是否也很難光從表面行為去觀察和理解，策動孩子內心動力的到底是什麼？

　　話說回來，上帝對他們女兒的安排很有意思，「她的成長過程中，常常遇到學校或學制的『第一屆』，例如國中語言資優班是第一屆，高中考試也是新制度的第一屆，到了大學，也遇到真理堂在政大學生中心開辦的第一屆。」很多孩子對於要拿自己的人生，展開前無古人的先例，會感到徬徨，加上無形吸收來自師長們的憂心，更顯焦躁。廖家女兒卻不屬於這一款，「我發現她面對這些『第一次』都滿興奮的，她喜歡新鮮的事情和挑戰，也很有主見和想法。」

　　林丹鳳回憶，當年女兒跟著同學去補習班報名時，看見長長隊伍一路從報名處排到樓梯，就回家說她不想補習了，這不是她期待的學習方式，夫婦倆也尊重女兒的意願：「一直以來，我們都認為學習的關鍵不在於形式，而在於學習的動力以及遇到的老師，我們會為女兒遇到的每位老師禱告，希望獲得理想的教學品質。」

　　女兒去以色列也不在廖家的預期之中，19 歲的她，第一次一個人出國，就計畫在以色列待一個月，去當照顧多重障礙孩子的國際志工。全家出發前一直禱告，禱告中上帝給她詩篇 122 篇，「人對我說：我們往耶和華的殿去，我就歡喜。」後來出發的日期也正好是 1 月 22 日，廖家知道上帝同在，就心情平安地讓女兒去了。

　　夫婦倆認為，這次勇敢放手的決定是對的，女兒因此帶回許多感動和心得：「上帝之所以送給亞伯拉罕一片沙漠，正是因為一無所有的地方，才是祂最好的舞台」，她也在異鄉生活中面對內心狀況：雖然她的個性比較隨心所欲，每天的未知就像一場場冒險，讓人興奮；然而，放眼遠望，「未知人生」反而沒那麼勇敢，冒險性格不知道躲去哪了，對於未來仍然需要步步為營。不過，當她看見上帝怎麼愛祂的土地和人民，親自見證了從以前到現在、在聖經中表明的心意，她也就不再害怕，知道上帝的意念高過她的，把未來交給上帝處理，值得信賴。

"

　　林丹鳳是一個懂得省思的母親，她分享了一個故事。有人牽了一隻蝸牛散步，蝸牛走得好慢好慢，那個人很不耐煩，正要罵蝸牛拖累自己的步伐，上帝突然對他說：「我不是讓你帶蝸牛散步，我是讓蝸牛帶你散步。」常常氣女兒什麼都慢吞吞的林丹鳳，聽了這故事彷彿當頭棒喝：「原來，上帝是要女兒來教我如何享受生活、停下來欣賞路邊的花花草草，細細品味生命中的每一刻啊！」世上角色何其多，能成為你孩子「父母」的人，幾十億人中就這麼兩位！父母對孩子的影響也是其他人都達不到的。即使周遭人有不同眼光、評價、說法，孩子心裡最在乎的，永遠是爸媽怎麼看自己，因此千萬不能小看自己，更別把這麼獨特的位份降低成只盯孩子作息的秘書、只問孩子功課的書僮，或者只顧孩子清潔的傭人了。父母，是最能激勵孩子的人，一點點的鼓勵，都能讓孩子的心靈如降春雨、重新獲得滋潤。

"

獻瑩爸爸愛家心語

固 定 家 庭 時 光
帶 來 莫 大 愛 的 力 量

　　我看見這一家人有個很值得稱
許的地方：彼此個性大不相同，卻
仍然相愛。這一家三口做了人格特
質測驗，顯示三個人、三種不同類型：爸爸廖志堅是穩健型，
媽媽林丹鳳是分析型，女兒詠新則偏向支配型和影響型。他們
的愛之語也不一樣，爸爸是擁抱、媽媽是服務的行動、女兒則
是禮物，他們彼此對於付出愛和表達愛的方式，有很大的差異，
也因如此，往往會因此出現激烈的摩擦，這個家庭卻從信仰中
領受正確去愛的方式，突破了舊有的觀念與限制，成為令人羨
慕的幸福家庭。

　　尤其是原本與女兒衝突不斷的媽媽林丹鳳，當她開始接納
自己「不是完美的父母」，就能漸漸地欣賞孩子的美好，甚至
願意向孩子道歉，這很不容易，特別是對獨生女兒，畢竟所有

186

的關注和期許都在一個孩子身上。道歉的力量比我們想像的大，道歉代表著：我看見你的委屈了、我聽到你的意見了，我在乎你，也在意與你的關係，我願意為這段關係繼續努力，也希望你能原諒我做不好的地方。說一句「對不起」可能不到三秒鐘，不過在這很短的時間裡，卻是一段很深入的「精心時刻」，尤其是父母對孩子的道歉，能讓孩子感受到父母愛的真心。

　　教養獨生兒女有一種可能的危機，就是期許容易變焦為期待，加上沒有其他手足可以一起分擔父母的期待，獨生子女往往會受到很大的壓力，但是在這個家庭裡，我們並沒有發現這個問題。因為廖家懂得稱讚孩子努力的「過程」，而非結果，詠新被愛得很自在，這是一個很有智慧的教養方式。不要只是用考試成績來評價孩子，因為當天可能是孩子身體不適，或者當次的考題普遍偏難等等，考試成績多少摻雜了運氣和不確定的成分。但，孩子準備考試的認真態度、負責任的品格，才是確保他們未來能成功的關鍵，更是踏實努力就可以實踐的目標。

　　此外，父母不希望寵壞獨生子女，往往用外在的訓練培養孩子獨立的能力，例如，很小的時候就讓孩子一個人睡、凡事

讓孩子自己來……；但研究證明，若是孩子從小與父母沒有培養足夠的親密感，長大後，獨立形象往往是空包彈，內心仍然充滿對愛的空缺。廖家在女兒睡前，有固定的祝福禱告和分享感恩的時間，而這就是在建立家庭時光的平台和文化，鞏固家人之間的親密感。

　　固定的家庭時光，讓孩子從小確信，無論如何，每天睡前一定會有來自於父母的祝福，滴水穿石，愛帶來的安全感會在小小孩心中默默累積，直到有一天，面對到像是獨自去以色列這樣的未知挑戰時，孩子展現的勇敢和能力，將使大人驚奇：「這個孩子跟別人很不一樣！」

家庭時光或建立家庭儀式感，

是父母給孩子重要的生命禮物

廖志堅家庭相簿

HAPPY BIRTHDAY!

⌄ 女兒廖詠新的愛之語是送禮物
從小她就常做卡片送給爸媽和好友

女兒的貼心策劃 ⌁
讓廖家爸媽有一趟難忘旅行

⌄ 愛的團契，讓獨生女詠新學習接待不同的人，與人相處

陪孩子玩是非常重要的愛之語

廖家夫婦帶女兒去動物園看她心愛的長頸鹿

新曾前往以色列，為她的人生展開寬廣的體驗

一家人學習用對方的愛之語相待相處，和樂滿屋

國家圖書館出版品預行編目 (CIP) 資料

用對愛之語　孩子功課更好、品格更好、關係更好！How to properly use the love language to help children perform better in study, personal integrity, and relationships. / 徐允華、吳恩祺採訪撰稿 . -- 初版 . -- 臺北市：社團法人中華愛傳資訊媒體發展協會, 2021.12

　　192 面 ;14.9*21 公分

　　ISBN 978-986-98210-3-2(平裝)

　　1. 親職教育 2. 子女教育

528.2　　　　　　　　　　　　　　　　　110019511

用對愛之語　孩子功課更好、品格更好、關係更好！

總策畫 / 曾獻瑩

執行主編 / 張詠幗

採訪撰稿 / 徐允華、吳恩祺

封面設計、版型視覺設計 / 詹希珍

排版編輯 / 張舜婷

發行人 / 蘇哲明

出版者 / 社團法人中華愛傳資訊媒體發展協會

地址 / 台北市中正區青島東路 9 號三樓之一

電話 / (02)2358-1517

傳真 / (02)2358-1617

電子郵箱 / Email：service@lovecom.org

網址 / https://lovecom.org

郵政劃撥帳號：50305934（戶名：社團法人中華愛傳資訊媒體發展協會）

出版日期 / 初版：2021 年 12 月；再版二刷：2022 年 2 月

用途 / 愛之語教育、親子教育及家庭教育相關之討論會皆適合使用

（內文圖標來源：由 Becris 製作的圖標，來自 www.flaticon.com）

版權所有，不得翻印

欲邀請總策畫演講，或舉辦研討會，

或捐款協助「社團法人中華愛傳資訊媒體發展協會」

敬請來電至本機構，或來信聯絡：Email / service@lovecom.org 謝謝！